该书出版得到了以下项目资助：

（1）国家自然科学基金面上项目《中国农业地理集聚的生产率效应及其增进路径研究——基于转变农业发展方式视角》（项目批准号：71473153）

（2）教育部人文社会科学研究青年项目《农村中小企业公共服务平台的服务模式及其绩效研究》（项目批准号：11YJC790214）

包容性增长与中小企业公共服务平台发展研究

肖卫东　杜志雄　梁春梅　著

BAORONGXING ZENGZHANG YU ZHONG XIAO QIYE GONGGONG FUWU PINGTAI FAZHAN YANJIU

中国社会科学出版社

图书在版编目(CIP)数据

包容性增长与中小企业公共服务平台发展研究/肖卫东等著. —北京:中国社会科学出版社，2017.8
ISBN 978-7-5203-0778-9

Ⅰ.①包… Ⅱ.①肖… Ⅲ.①中小企业—企业管理—研究 Ⅳ.①F276.3

中国版本图书馆CIP数据核字（2017）第181657号

出版人 赵剑英
选题策划 刘 艳
责任编辑 刘 艳
责任校对 陈 晨
责任印制 戴 宽

出 版 中国社会科学出版社
社 址 北京鼓楼西大街甲158号
邮 编 100720
网 址 http://www.csspw.cn
发行部 010-84083685
门市部 010-84029450
经 销 新华书店及其他书店

印 刷 北京明恒达印务有限公司
装 订 廊坊市广阳区广增装订厂
版 次 2017年8月第1版
印 次 2017年8月第1次印刷

开 本 710×1000 1/16
印 张 15.5
插 页 2
字 数 182千字
定 价 69.00元

目　　录

第一章　绪论 …………………………………………………… (1)

第一节　研究背景与意义 ……………………………………… (1)

第二节　中小企业公共服务平台的发展实态 ………… (8)

第三节　研究内容与方法…………………………………… (12)

第一篇　包容性增长理论与公共产品(服务)的供给模式

第二章　包容性增长理论的脉络、要义与政策内涵 ……… (19)

第一节　引言 …………………………………………………… (19)

第二节　增长理论的演进与包容性增长理念　……… (20)

第三节　包容性增长理论的基本要义与政策内涵　… (29)

第四节　包容性增长:中国经济社会协调发展的全新时代命题 ………………………………………………… (37)

第三章　准公共产品的本质属性及其供给模式:基于包容性增长的视角 …………………………………………… (40)

第一节　产品的分类和包容性增长理论……………… (40)

第二节 准公共产品的本质属性及其类别 …………（43）
第三节 准公共产品的供给模式及排他性机制 ……（47）

第二篇 农业生产性服务业发展与中小企业融资、技术创新绩效

第四章 农业生产性服务业发展的主要模式及其经济效应 ……………………………………………（57）
第一节 政府主导的公共农业生产性服务模式及其经济效应 ………………………………………（58）
第二节 农民专业合作社引领的内在扩张模式及其经济效应 ………………………………………（61）
第三节 农业产业化龙头企业的外部拉动模式及其经济效应 ………………………………………（64）
第四节 市场带动与新型农业服务组织模式及其经济效应 ………………………………………（66）
第五节 传统服务组织的创新发展模式及其经济效应 …………………………………………（69）
第五章 中小企业的融资需求与融资制度安排需求指向 ……………………………………………（73）
第一节 引言 ……………………………………………（73）
第二节 中小企业的融资途径及其意愿偏好选择 …（75）
第三节 中小企业的融资需求分析…………………（79）
第四节 中小企业融资需求的满足程度……………（86）
第五节 供给型与需求型约束的交织作用抑制了企业信贷需求的正规诉求 …………………………（91）

第六节　基于需求导向的中小企业融资制度安排需求指向 …………………………………… (95)
第六章　中小企业技术创新绩效影响因素的实证分析 … (103)
第一节　问题的提出 ………………………………… (103)
第二节　样本特征 …………………………………… (105)
第三节　中小企业技术创新绩效影响因素的实证分析 …………………………………… (107)
第四节　主要结论与政策启示 ……………………… (116)

第三篇　中小企业公共服务平台发展的理论分析与案例考察

第七章　中小企业公共服务平台研究述评及其引申 …… (121)
第一节　关于中小企业公共服务平台功能和作用的研究 …………………………………… (121)
第二节　关于中小企业公共服务平台建设类型和运营模式的研究 ………………………… (123)
第三节　关于中小企业公共服务平台运行机制的初步探讨 ……………………………… (125)
第四节　关于中小企业公共服务平台服务内容、服务模式的研究 ………………………… (127)
第五节　文献评述及其引申 ………………………… (129)
第八章　中小企业公共服务平台的功能定位与组织创新 …………………………………… (133)
第一节　中小企业公共服务平台设立的内在逻辑 …………………………………… (134)

第二节 中小企业公共服务平台的功能定位 ………（137）
第三节 中小企业公共服务平台的组织属性与组织创新 ……………………………………（141）
第九章 中小企业公共服务平台的服务内容及其产品属性 ……………………………………（145）
第一节 公共产品的类型及其特征 ………………（146）
第二节 中小企业公共服务平台的服务内容及其满足中小企业的需求点 …………………（148）
第三节 中小企业公共服务平台服务内容的产品属性 ……………………………………（155）
第十章 中小企业公共服务平台的服务模式:一个政府主导型复合服务模型 ………………（161）
第一节 公共服务供给的参与各方及其责任关系 ……………………………………（162）
第二节 中小企业服务平台的一个政府主导型复合服务模型 ……………………………（164）
第三节 中小企业公共服务平台的三种服务模式 ……………………………………（170）
第十一章 中小企业公共服务平台的运行机制 …………（179）
第一节 构建“政府 + 市场”双轮驱动的运作机制 ……………………………………（179）
第二节 建立以公共服务平台为中心节点的协同服务机制 ………………………………（182）
第三节 建立公共服务平台创新成果与企业创新需求之间的互动机制 …………………（185）

第四节 建立健全公共服务平台高效的管理体系与运营机制 …………………………………… (187)
第十二章 面向产业集群的中小企业公共服务平台发展探析 ………………………………… (191)
第一节 引言 ………………………………………… (191)
第二节 TZ 市机械制造业生产力促进中心设立的内在逻辑 …………………………………… (193)
第三节 TZ 市机械制造业生产力促进中心的运作机制与组织特性 ……………………………… (201)
第四节 结论与对策建议 …………………………… (210)
第十三章 促进中小企业公共服务平台发展的对策建议 ……………………………………… (214)
第一节 健全公共服务平台发展的制度环境和扶持政策 ……………………………………… (214)
第二节 加大政府购买公共服务平台服务的力度，健全政府购买服务机制 ………………… (216)
第三节 以服务需求为导向完善服务功能和细化服务层次，提升服务能力和效率………………… (217)
第四节 创新公共服务平台发展路径和服务方式，促进转型升级 ……………………………… (218)
第五节 加强人才队伍建设，健全管理机制，促进可持续发展 ……………………………… (221)

参考文献 ………………………………………………… (223)
后记 ……………………………………………………… (240)

第一章　绪论

第一节　研究背景与意义

一　研究背景

1. 中小企业是包容性增长的积极实践者

中小企业是与所处行业的大企业相比具有较小人员规模、资产规模、经营规模和较弱经济实力的企业主体和经济单位，截至2015年年底，全国工商登记中小企业超过2000万家，个体工商户超过5400万户；尤其是近几年来，随着中小企业的创业领域不断拓宽，新业态、新模式不断涌现，小微企业数量年均增速超过10%①。中小企业提供了全国80%以上的城镇就业，成为城乡劳动者就业的主渠道；创造了60%以上的GDP、62%的发明专利，贡献了50%以上的税收②。因而，中小企业是中

---

① 《促进中小企业发展规划（2016—2020年）》（工业和信息化部印发，2016年6月28日）。

② 中国中小企业协会会长李子彬在中国中小企业协会成立十周年大会上的讲话《不忘初心 创新进取 为建设“百年协会”而奋斗》（2016年12月22日），http：//www.casme.org。

国经济增长的中坚力量，是推动经济结构转型升级的强大力量，是实践“大众创业、万众创新”的核心力量，同时，也是包容性增长、促使发展成果在最广大民众中实现再分配的积极实践者；促进中小企业发展，是保持国民经济平稳较快发展的重要基础，是关系民生和社会稳定的重大战略任务，是践行包容性增长战略的重要内容。

增长根源与增长后果是现代经济增长理论的两大主题，包容性增长实质上就是一种在经济增长过程中通过倡导和保证机会平等使增长成果能广泛惠及所有民众的发展理念和理论体系，它既是目的，也是手段，是有机地把增长过程和增长结果统一于经济社会发展的实践，内含经济增长、权利获得、机会平等、福利普惠四个方面的基本要义（杜志雄、肖卫东等，2010）。包容性增长理念自2007年亚洲开发银行首次提出以来，就在国际上得到了广泛接受和认可，成为包括中国在内的许多国家各项经济社会事业发展的理论指引和政策导向。由此，中小企业在实现自身快速、健康、可持续发展的同时，也积极承担社会责任，不断将其发展成果惠及社会和广大民众尤其是弱势群体，这正是包容性增长的核心要义所在。具体而言，中小企业践行包容性增长主要体现在以下几个方面：一是不断增加投资，扩大生产经营规模，为社会提供更多就业岗位和机会；积极实施精准扶贫工程，优先投资于贫困地区，解决当地劳动力和资源闲置的问题，帮助当地脱贫致富。二是持续增加研发投入，积极研发新产品、新技术等，不断满足日益增长的个性化、多样化、多层次市场需求；同时降低能耗，节约资源，减少生产、流通等各个环节可能造成的环境污染，努力实现生态效益最大化。三是建立和完善科学合理、包容共享的利益联结机制和分配机制，不断提高员工、农民等利益相关者的收入水平和福利水平。四是创新教育、培训机制和方法，不断提高员工的素质和能力，为员工提供更多晋升、实现自我发展的机会和空间。五是践行慈善责任，积极捐助教育、社会保障和医疗卫生等事业。

2. 中小企业的经营困境及其公共服务需求

中小企业的快速发展在创造财富、促进社会和谐稳定等方面作出了积极、巨大贡献，但面对国际国内经济发展环境的深刻变化，同时由于中小企业与大企业在国家产业政策、竞争机会和政府扶持力度等方面长期存在差异性，致使中小企业的生产和发展面临着诸多“不包容”的问题，面临着较大的经营压力和多重经营困难，突出表现为融资难、融资贵；产业链环节中低端，技术创新能力低下，市场竞争能力弱等方面。一组数据可以充分说明中小企业在发行股票、公司债券等直接融资方面遭遇的“不包容”问题，中小企业所需资金的95%来自于企业自有资金、银行借贷和民间借贷，来自于直接融资的比例不足5%，其中通过证券市场融资的中小企业不足8000家（A股上市公司1559家，中小板上市公司776家，创业板492家，新三板挂牌公司5129家，合计7956家），仅占中小企业总数的0.04%①。一项研究结论表明，在金融危机面前，那些有技术创新行为的中小企业遭受金融危机的负面影响要远小于那些普通企业（杜志雄、肖卫东，2010）。但是受限于经营规模小、

① 李子彬：《加快发展动产融资 缓解中小企业融资难题》，http://www.ca-sme.org。

融资难和研发人才缺乏等困境，中小企业很难将技术创新行为内化于企业，这使得中小企业的技术创新严重依赖于外部市场。在竞争日益激烈的市场环境下，技术创新是中小企业的灵魂和生命。因而，中小企业改善经营状况、转方式、调结构的任务十分艰巨，而这势必需要大量公共服务的支撑和匹配。中小企业所需的公共服务，是指由政府所主导的面向企业的公共资源配置，具有公益性、公正性的显著特点，主要包括融资及服务、人力资源、技术支持、市场准入、信息服务、权益维护、社会化服务（包括创业辅导、教育培训、法律咨询等）等。

3. 中小企业公共服务平台日益成为中小企业获得公共服务的主流模式

发达国家的实践经验表明，建立、发展公共服务平台是有效满足中小企业公共服务需求、激发中小企业创业创新活力的重要路径和关键举措。例如，享誉全球的“意大利真实服务中心”，专门面向中小企业进行技术研发和成果转化的“德国弗朗霍夫应用研究促进协会”，专门为中小企业提供融资服务的“日本中小企业综合事业团”，等等。在北欧，尤其是在瑞典和丹麦，已把中小企业公共服务平台看作是加强企业与科研及教学体系之间合作的最理想工具；在许多工业发达国家，中小企业服务平台已被视为一种技术发展和创新的模式；在意大利，服务平台作为一个地方创新系统中的重要网络节点，是国家实施创新政策的工具，可以为领航企业和意大利工业获得新的竞争优势（姜卡罗·科洛、斯特法诺·米切利，2008）。

中小企业公共服务平台（以下简称“公共服务平台”）是指按照资源共享性、独立性、开放性和包容性等原则建立，旨在为区域、产业集群、行业中小企业提供技术创新、信息查询、质量管理、市场开拓、管理咨询、政策法律、人力资源、创业辅导、投资融资等生产性服务的法人实体。通过建立公共服务平台的方式，一方面能为服务机构提供低投入的接入平台，有效整合各类服务资源；另一方面能为中小企业提供便捷化、系统化、集约化的优质服务（华中生，2013）。从组织类型视角看，公共服务平台是一种中介服务组织；从要素集成视角看，公共服务平台是一种知识密集型、创新要素密集型服务组织，因而，公共服务平台在各创新主体之间发挥着重要的桥梁作用，在中小企业创新系统中起着源头创新、传递创新和促进创新的集合作用。尤其是，公共服务平台通过顶层设计、建章立制的方式，不断建立健全运营、考核等方面的管理制度，制定完善服务项目、服务流程、服务标准等方面的服务规则和服务指南，逐渐形成一个能有效整合各类服务资源（包括政府部门、行业协会、专业服务机构和大型企业的服务资源）、创新服务模式和方式、增强中小企业自主创新能力的“产业生态系统”（Eisenmann，Parker and Alstyne，2006）。从产业集群的发展来看，建立面向产业集群内中小企业的公共服务平台，能激发、带动中小企业的创新活动，这是一种促进产业集群内中小企业自主创新能力形成、强化、提升的重要机制（Smedlund and Toivone，2007），是一条增强产业集群创新绩效、改善中小企业经营绩效的重要路径（杜志雄、肖卫东，2010）。

再之，在信息化时代，随着通信技术、互联网技术、物联网技术的快速发展与广泛应用，以及三者之间的高度融合，公共服务平台的建设与发展，极大地推动了服务业内部结构的优化和转型升级，加速了生产性服务业与制造业、现代农业的对接和有机融合，带动了现代服务业的快速发展，从而促进了产业结构由“制造型经济”向“服务型经济”的转型。由此，网络环境下的公共服务平台日益成为现代服务业发展的一种主流模式（华中生，2013），公共服务平台是推进产业创新和中小企业转型的一类重要服务机构，是中小企业公共服务分工的重要载体（肖卫东，2014）。一方面，中小企业之间的竞争越来越多地转向以平台为中心的网络生态系统竞争；另一方面，越来越多的制造企业将其创新努力延伸到服务领域（Jacob and Ulaga，2008），将服务创新视为在技术创新之外的备择战略（Gebauer H.，Paiola M.，Edvardsson，2010；赵月皎、陈志军，2016），通过构筑公共服务平台的商业模式来组织价值网络（陈威如、余卓轩，2013）。在很多行业中，构筑公共服务平台已经作为一种能够帮助制造企业打造新竞争优势的战略被广泛采用。制造企业通过公共服务平台战略，能产生双重经济效应：一是获取源于服务业的新利润增长点和竞争优势；二是在产业层面促进生产性服务业的集聚与分工深化（吴义爽、徐梦周，2011）。

综上，公共服务平台已成为中小企业服务体系中的重要网络节点和政府创新公共服务供给的重要载体，日益成为中小企业获得公共服务的主流模式，有着三方面的独特功能：一是直接为中小企业提供便利化、实惠性、优质化、多样化的公共服务，有效弥补中小企业自主创新的“市场失灵”；二是通过建立操作层次上的开放式平台和契约、组织关系，开展与各级政府部门、行业协会、专业服务机构和大型企业的跨界合作与对接，为中小企业提供整合性服务，带动中小企业服务体系发展；三是通过具有熊彼特意义上的“创造性破坏”影响机制，形成中小企业与生产性服务业的双重集聚，促进产业分工深化（肖卫东，2014）。公共服务平台还是促进工业化和信息化融合的重要载体（刘文学，2015）。由此，公共服务平台的建设和发展，是当前及今后一段时期促进中小企业创新发展、加快供给侧结构性改革的重要抓手和关键举措，是促进工业化和信息化深度融合、推进“简政放权、放管结合、优化服务”改革和服务型政府建设、大力发展生产性服务业的重要内容，是形成社会化、市场化、专业化的中小企业服务体系和长效机制的重要路径。

二　研究意义

综上，在国家着力转变经济发展方式、促进中小企业转型升级、大力发展生产性服务业、加快推进供给侧结构性改革的宏观背景下，本书研究旨在以现有研究中的不足为出发点，从包容性增长、公共产品（服务）供给模式、生产性服务业发展等视角，深入、细致地研究中小企业的融资难、技术创新水平低等经营困难，以及中小企业公共服务平台对中小企业公共服务需求的满足以及健康可持续发展等问题。对这些问题的研究，具有重大而又显著的理论价值和现实意义。在理论上，一方面，可望揭示公共服务平台服务设立的内在逻辑和功能定位、公共服务平台的服务内容及其产品属性，以及服务模式和运作机制等；另一方面，在已有的相关理论和经验研究方法方面，可望做出一些集成和扩展性的深入研究，以弥补和完善现有相关研究在概念内涵、理论模型和分析框架、研究视角和研究方法等方面的不足。还有，也期望能根据理论分析结论提出新的实证研究命题。在现实意义上，本书研究的实证检验、计量经济分析和案例分析结论，可为国家和地方政府制定加快公共服务平台建设和发展、提供高效服务和推进包容性创新的政策提供理论依据和实证支撑；同时，根据相关研究结论提出的具有可行性和可操作性的对策建议，将具有重要的实践指导价值和意义，可为国家和地方政府出台相应的制度设计和政策体系提供借鉴。

第二节 中小企业公共服务平台的发展实态

在中国，中央早就把建立和发展公共服务平台作为重要战略和任务加以重视，并视其是满足中小企业共性公共服务需求、激发中小企业创业创新活力的重要举措，是完善中小企业服务体系、大力发展生产性服务业的重要内容。2010 年 4 月，国家七部委（包括工业和信息化部、国家发展与改革委员会、科学技术部、财政部、人力资源与社会保障部、环境保护部、国家质量监督检验检疫总局）联合印发了《关于促进中小企业公共服务平台建设的指导意见》，明确阐明了公共服务平台的含义和作用、建设原则和建设目标，公共服务平台的基本条件和发展要求、主要功能和保障措施等。这是国家首次直接以“中小企业公共服务平台”作为文件标题，将公共服务平台建设置于突出位置。为贯彻落实国务院促进中小企业发展的政策措施，推动公共服务平台建设，支持中小企业健康发展，工业和信息化部先后制定和印发了《国家中小企业公共服务示范平台认定的管理办法》（工信部企业〔2012〕197 号）《关于加强国家中小企业公共服务示范平台管理工作的通知》（工信厅企业〔2013〕7 号）《关于中小企业公共服务平台网络建设互联互通基本要求的通知》（工信企函〔2013〕16 号）。此后，国务院、工业和信息化部又陆续印发了涉及公共服务平台建设与发展的文件（见表 1－1）。

表 1－1　**国务院、工业和信息化部文件中关于中小企业公共服务平台的内容**

序号	文件名称	关于中小企业公共服务平台的内容
1	关于促进中小企业“专精特新”发展的指导意见（工信部企〔2013〕264 号）	推动服务于区域特色优势产业的技术创新服务平台和产业共性技术研发基地建设，促进“专精特新”技术和产品的产业化。建立和完善中小企业公共服务平台网络，加强对“专精特新”中小企业的培育和支持
2	信息化和工业化深度融合专项行动计划（2013—2018 年）（工信部信〔2013〕317 号）	引导服务商构建信息化服务平台，围绕中小微企业多样化、个性化需求，整合服务资源，完善平台功能，提高服务的专业性和有效性。推动中小企业公共服务平台网络建设，发挥国家中小企业公共服务平台的示范作用
3	关于加快发展生产性服务业促进产业结构调整升级的指导意见（国发〔2014〕26 号）	推进面向产业集群和中小企业的基础工艺、基础材料、基础元器件研发和系统集成以及生产、检测、计量等专业化公共服务平台建设。鼓励开发区、产业集群、现代农业产业基地、服务业集聚区和发展示范区积极建设重大服务平台。支持生产性服务业创新团队培养，建立创新发展服务平台。建设大型专业人才服务平台，增强人才供需衔接。发展服务于产业集群的电子商务、数字内容、数据托管、技术推广、管理咨询等服务平台
4	关于扶持小型微型企业健康发展的意见（国发〔2014〕52 号）	大力推进小型微型企业公共服务平台建设，加大政府购买服务力度，为小型微型企业免费提供管理指导、技能培训、市场开拓、标准咨询、检验检测认证等服务
5	关于大力推进大众创业万众创新若干政策措施的意见（国发〔2015〕32 号）	加强和完善中小企业公共服务平台网络建设。充分发挥企业的创新主体作用，鼓励和支持有条件的大型企业发展创业平台。完善国家重点实验室等国家级科研平台（基地）向社会开放机制，为大众创业、万众创新提供有力支撑。鼓励企业建立一批专业化、市场化的技术转移平台。引导和支持有条件的领军企业创建特色服务平台，面向企业内部和外部创业者提供资金、技术和服务支撑。发展创业创新区域平台

续表

序号	文件名称	关于中小企业公共服务平台的内容
6	国民经济和社会发展第十三个五年规划纲要（2016 年 3 月）	实施“双创”行动计划，鼓励发展面向大众、服务中小微企业的低成本、便利化、开放式服务平台
7	促进中小企业发展规划（2016—2020 年）（工信部规〔2016〕223 号）	继续支持建立和完善中小企业公共服务平台，引导平台不断提高集聚服务资源的能力、完善服务功能，推动线上线下服务相结合，服务与需求精准对接。继续对国家中小企业公共服务示范平台进行动态管理。鼓励和支持利用互联网和信息技术，加强技术创新、智能制造、质量品牌等公共技术服务平台建设。推动中小企业公共服务平台网络有效运转。到“十三五”末，培育和认定的省级平台达到 3000 家

资料来源：作者根据国务院、工业和信息化部相关文件整理。

2011 年 3 月至 2014 年 8 月，工业和信息化部先后分 4 批认定了 511 家国家中小企业公共服务示范平台①，包括综合平台、行业平台和专业平台三种类型（见表 1－2）。各省市也纷纷引导、支持创建各类公共服务平台，开展省级示范公共服务平台认定工作。截至 2015 年年底，已培育省级公共服务平台 7000 余家，认定 2400 余家省级服务示范平台（工业与信息化部中小企业局 a，2016）。2011—2015 年，工业和信息化部会同财政部分 4 批支持了 35 个省市（30 个省、自治区、直辖市，5 个计划单列市）和中国中小企业信息网开展中小企业公共服务平台网络（以下简称“平台网络”）建设。平台网络以省级公共服务平台为枢纽（即省平台），以主要城市和重点产业集群公共服务平台为窗口（即窗口平台），旨在为中小企业提供“找得着、用得起、有保障”的公共服务。截至 2015 年年底，35 个

① 2015 年、2016 年，工业和信息化部先后对第一批、第二批国家中小企业公共服务示范平台单位进行复核评审后，分别撤销了 7 家、18 家。

省市共有905个省平台、窗口平台参与平台网络建设，累计完成投资额54.77亿元，其中，12个省市（辽宁省、吉林省、浙江省、安徽省、江西省、山东省、广东省、四川省、宁波市、青岛市、厦门市、深圳市）的平台网络已竣工验收，26个省市（四川省、浙江省、山东省、江西省、黑龙江省等）的平台网络在2012年陆续开通（工业与信息化部中小企业局b，2016），为中小企业提供各类公共服务。

表1－2　　国家中小企业公共服务示范平台基本情况

公共服务平台类型	公共服务平台含义	公共服务平台数量及所占比重	
		数量（家）	所占比重（%）
综合型公共服务平台	面向多行业、多产业领域中小企业提供技术创新、信息查询、质量管理、市场开拓、管理咨询、政策法律、人力资源、创业辅导、投资融资等多种类型服务的平台	112	21.9
行业型公共服务平台	面向某个具体行业、具体产业中小企业提供技术创新、信息查询、质量管理、市场开拓、管理咨询、政策法律、人力资源、创业辅导、投资融资多种类型服务的平台	97	26.2
专业型公共服务平台	面向多行业、多产业领域中小企业提供某一项专业性、针对性服务的平台	302	51.9
合计		511	100.00

资料来源：作者根据工业和信息化部认定的4批国家中小企业公共服务示范平台相关资料整理。

通过国家示范公共服务平台和公共服务平台网络建设，我国已基本形成了线上公共服务平台与线下公共服务平台相结合、实体公共服务平台与虚拟公共服务平台有机互动、省市县三级联动的中小企业服务网络。有些省市（例如青岛市）还充分利用云计算、移动互联、大数据等现代信息技术，创新建立了中小企业云公共服务平台，逐步实现“实体公共服务平台 + 网上公共服务平台 + 移动互联公共服务平台”的三位一体式中小企业服务生态圈。2015 年，35 个省市的 905 家公共服务平台已入驻各类服务机构 8.47 万家，为中小企业开展各类服务活动 21.48 万次（工业与信息化部中小企业局 b，2016）。2011—2015 年，全国各省市示范公共服务平台平均服务的中小企业数量年均增长率达 51.6%，带动就业人数年均增长率达 23.9%（工业与信息化部中小企业局 a，2016）。

第三节　研究内容与方法

一　研究的基本内容与结构框架

本书共分为三篇十三章内容，具体安排如下。

第一章是绪论。主要介绍研究背景和意义，客观描述和分析中小企业公共服务平台的发展实态，介绍研究的基本内容和方法，说明相关数据来源。

第一篇是包容性增长理论与公共产品（服务）的供给模式，包括第二章、第三章。

第二章是包容性增长理论的脉络、要义与政策内涵。本章基于亚洲开发银行和世界银行的相关研究报告以及学者的相关研究成果，从贫困、不平等理论发展与增长理论演进中梳理包容性增长理念的形成和演变脉络，综述包容性增长的各种定义，阐述包容性增长理论的要义和政策内涵，并在上述基础上建立包容性增长理论的一个逻辑框架和内容体系，最后指出包容性增长对中国经济社会协调发展的适用性和针对性。

第三章是准公共产品的本质属性及其供给模式。主要从包容性增长的视角，对准公共产品（服务）的本质属性及其类别、供给模式及其排他性机制进行深入而又细致的理论剖析。

第二篇是农业生产性服务业发展与中小企业融资、技术创新绩效，包括第四章、第五章和第六章。

第四章是农业生产性服务业发展的主要模式及其经济效应。主要基于对河南省的实地调研和会议座谈，系统归纳和分析农业生产性服务业的五种发展模式及其经济效应。

第五章是中小企业的融资需求与融资制度安排需求指向。主要以“需求引导型”金融发展模式为理论逻辑起点，基于四个县农村中小企业的问卷调查数据分析中小企业的融资途径及其意愿选择偏好、融资需求的特点和层次结构转型、融资需求的满足程度及其所受信贷约束，以及融资需求所折射出来的企业对未来融资制度安排的需求指向。

第六章是中小企业技术创新绩效影响因素的实证分析。主要在已有研究成果的基础上，利用四个县中小企业的问卷调查数据，运用 Logistic 模型计量分析和识别影响中小企业技术创新绩效的微观和中观层面因素，并明确这些因素的作用方向及其影响程度，最后提出政策建议。

第三篇是中小企业公共服务平台发展的理论分析与案例考察，包括第七章、第八章、第九章、第十章、第十一章、第十二章和第十三章。

第七章是中小企业公共服务平台研究述评及其引申。本章梳理和综述了近年来关于公共服务平台功能、类型和模式、运行机制、服务内容等相关文献的研究，并着眼于转变经济发展方式和国家以及区域创新系统建设的需要和要求，指出了现有文献研究存在的一些缺陷和不足，以及对未来研究的展望。

第八章是中小企业公共服务平台的功能定位与组织创新。主要深刻阐释了公共服务平台设立的内在逻辑、公共服务平台的功能定位，以及公共服务平台的组织属性与组织创新。

第九章是中小企业公共服务平台的服务内容及其产品属性。主要以公共产品理论为依据，深入总结、分析公共服务平台的九项服务及其满足中小企业的需求点，以及公共服务平台服务内容的产品属性。

第十章是中小企业公共服务平台的服务模式：一个政府主导型复合服务模型。基于世界银行的公共服务供给分析框架，构建公共服务平台的政府主导型复合服务模型，并分析公共服务平台的三种服务模式，分别是通过政府购买服务项目，公共服务平台代为满足中小企业的服务需求；通过自主开发服务项目，直接满足中小企业的服务需求；通过组织、引导和带动服务资源及服务机构提供服务，间接满足中小企业服务需求。

第十一章是中小企业公共服务平台的运行机制。主要从公共服务平台基本功能的实现视角出发，研究分析公共服务平台的四大运行机制，即“政府 + 市场”双轮驱动的运作机制、以公共服务平台为中心节点的协同服务机制、公共服务平台创新成果与中小企业创新需求之间的良性互动机制、公共服务平台高效的管理体系与运营机制。

第十二章是面向产业集群的中小企业公共服务平台发展探析。本章是对山东省 TZ 市制造业生产力促进中心的案例研究，主要分析该面向产业集群的公共服务平台的设立内在逻辑、运作机制与组织特性，并就其几个关键问题的解决提出对策建议。

第十三章是促进中小企业公共服务平台发展的对策建议。主要基于前述各章的研究结论并结合国家政策，提出促进公共服务平台健康快速发展、高效服务的对策建议。

本书研究内容的逻辑脉络及结构框架如图1－1所示。

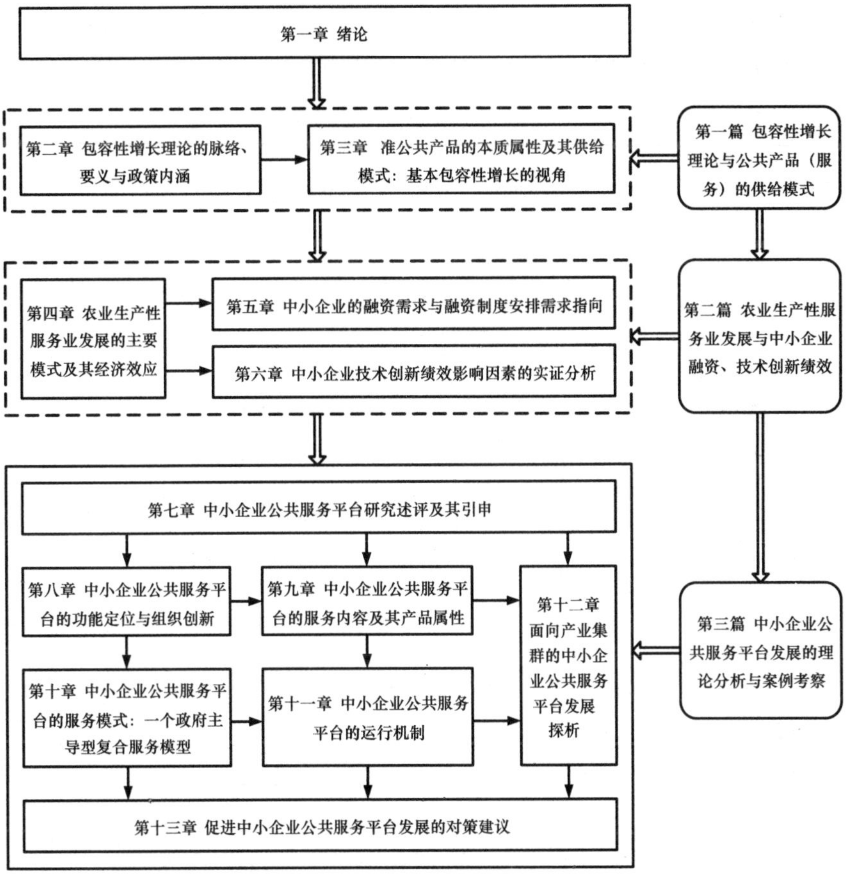

图1－1　本书研究内容的逻辑脉络及结构框架

二 研究方法

本书运用西方经济学、公共经济学、制度经济学、统计学和计量经济学等相关经典理论，综合采用理论诠释与演绎、模型构建、比较研究、统计和计量经济分析的实证研究、调查访谈和案例研究等方法，并力求使这些研究方法在应用中能优势互补，提高研究效度和说服力。(1) 理论分析与调查研究、案例研究的结合。在理论剖析基础上，通过调查研究发现现实问题，用理论剖析现实问题，用理论指导实践，用实践丰富理论。(2) 定性研究和定量研究的结合。在质性研究、文献研究的基础上，运用统计学和计量经济学对相关问题进行实证分析，以求整个研究更为严谨并更具说服力。

本书第五章、第六章、第十二章中所用到的调查数据，均来自于国家自然科学基金项目（项目批准号：70773025）课题组2009年3月、4月、5月和7月对山东省H市（县级市）、四川省N县、安徽省M县、广东E市F区四个县（区）的调查问卷。四县（区）调查问卷通过复审的共有199份，其中，山东省H市48份、四川省N县41份、安徽省M县40份、广东省E市F区70份。因调查问卷涵盖内容甚多，而且有些项目和问题可能涉及企业财务信息和商业秘密，出于各种原因有些企业填写的内容（主要是定量数据）不够完整。但这些企业所提供的其他信息还是有助于课题研究，所以并未从整体上将其视为无效问卷，只是在相应内容分析时做了统计剔除的处理。本着最充分利用调查信息的原则，在样本特征分析和模型设定中所依据的有效样本企业数量（n）有所不同，n可能会小于199份。

第一篇

包容性增长理论与公共产品（服务）的供给模式

第二章　包容性增长理论的脉络、要义与政策内涵

第一节　引言

2010 年 9 月以来，“包容性增长”① 这一概念受到舆论的广泛关注，更引起了学术界的热议。这主要缘于 2009 年 11 月至 2010 年9 月，时任中国国家主席胡锦涛两次在亚太经合组织会议②上强调要实现包容性增长，切实解决经济发展中出现的社会问题，让经济全球化和经济发展的成果惠及所有国家和地区、惠及所有人群，在可持续发展中实现经济社会协调发展。

---

① 在发展经济学中，“经济发展”不仅包括经济总量的扩张，还包括经济结构的调整、发展方式的转变、资源节约和环境保护、制度优化及整个社会经济体制的转型和重构等，是一个比“经济增长”内容更为广泛的概念。但是，在现有文献有关“包容性增长”和“包容性发展”的表述中，“增长”与“发展”的内涵并无本质差异。

② 2009 年 11 月 15 日，中国国家主席胡锦涛在亚太经合组织第十七次领导人非正式会议上发表了《合力应对挑战，推动持续发展》的讲话，首次提出主张“统筹兼顾，倡导包容性增长”；2010 年 9 月 16 日，在第五届亚太经合组织人力资源开发部长级会议上，中国国家主席胡锦涛发表了《深化交流合作，实现包容性增长》的致辞，再次以致辞标题的形式强调包容性增长，并充分深刻地阐发了中国对包容性增长的认识和实现包容性增长的主要对策建议。

包容性增长作为一个全新的经济学概念和发展理念，其形成和发展集中体现在林毅夫（2008）《以共享式增长促进社会和谐》和世界银行（2006）《2006 年世界发展报告：公平和发展》、世界银行增长与发展委员会（2008）《增长报告——可持续增长和包容性发展的战略》等多边机构的一系列研究报告当中。目前，包容性增长和包容性发展已成为亚洲开发银行、世界银行等致力于国际减贫的国际机构的指导思想和核心战略。国内学术界对包容性增长理论的关注和研究较少，社会公众和政府工作人员对此缺乏足够的认识，而将这一理念引入公共政策的讨论则更为鲜见。

有鉴于此，本章基于胡锦涛的两次讲话内容、亚洲开发银行和世界银行的相关研究报告以及学者的相关研究成果，从贫困、不平等理论发展与增长理论演进中梳理包容性增长理念的形成和演变脉络，综述包容性增长的各种定义，阐述包容性增长理论的要义和政策内涵，并在上述基础上建立包容性增长理论的一个逻辑框架和内容体系，最后指出包容性增长对中国经济社会协调发展的适用性和针对性。

第二节　增长理论的演进与包容性增长理念

一　贫困、不平等与增长理论的演进

一直以来，贫困、不平等与增长是世界各国和地区经济社会发展中三个始终纠结在一起的重要问题，也是国内外学术界、许多国际机构致力研究的永恒主题。大量研究结果表明，虽然经济增长是战胜贫困最基本和最重要的力量来源（Ravallion,

1995；Dollar and Kraay，2002），但经济增长的减贫成效在很大程度上还取决于一国或者地区初始的不平等程度，以及伴随经济增长的不平等状况的变化（Balisacan and Nobuhiko，2003；胡鞍钢、胡琳琳等，2006），而且，高度不平等倾向于损害整体经济增长和减贫效果，使贫困群体陷入持续贫困的恶性循环，从而对减贫和经济增长均造成不利影响。

可见，快速的经济增长是贫困减少的必要条件，但并非充分条件，增长的性质及其模式、增长成果的分享以及不平等程度的变化等因素也是影响减贫效果的重要因素。经济增长、不平等与贫困之间存在着复杂关系，这种复杂关系与人们在减贫实践推进中对贫困成因的全面深入探究、贫困内涵的深化和扩展密切相关。对贫困认识的深化，不仅使得一些国家和地区调整了减贫战略，而且也使得人们重新审视经济增长的减贫效应，从而也推进了增长理论的演进（蔡荣鑫，2010）。

国内外学术界和国际机构对于贫困内涵和影响因素的认识，经历了从收入贫困→能力贫困→权利贫困①的深化过程（郭熙保，2005；蔡荣鑫，2010），把贫困内涵从货币范畴扩展至非货币范畴，并逐渐揭示出贫困发生的本质根源。与此相应，自20 世纪中期以来，人们关于经济增长的认识也在不断深化，增长理论经历了从单纯强调极化涓滴增长（赫希曼，1991）→基础广泛的增长（世界银行，2001）→益贫式增长或有利于穷人的增长（ADB，1999；世界银行，2001）→包容性增长（ADB，

① 收入贫困是指总收入水平不足以获得仅仅维持身体正常功能所需的最低生活必需品，包括食品、房租和其他项目等。能力贫困是指“一个人可以获得的各种功能性活动的不同选择组合”的能力被剥夺而产生的贫困。权利贫困是指特定的群体和个人缺乏应享有的政治、经济、文化权利和基本人权而导致的贫困（郭熙保，2005）。

表2-1　**贫困内涵的深化与增长理念、减贫战略与政策的演进**

贫困类型	收入贫困		能力贫困	权利贫困
贫困特征	收入水平低下、饥饿、营养不良、饮用水不安全、基本卫生服务缺乏等		贫困问题累积和持续贫困顽固存在	贫富不平等状况日益加剧，长期贫困问题严重，而机会不平等是导致结果不平等的最主要因素
贫困内涵	绝对收入贫困：从物质缺乏角度关注生存需要	相对收入贫困：从能力和资源缺乏角度关注基本生活需要和社会平均生活水平	从能力和权利缺乏角度关注财富分配不平等	从权利缺乏、贫困脆弱性和社会排斥角度关注机会不平等
增长理念	涓滴增长：增长成果通过市场机制产生的纵向涓滴效应和横向扩散效应自动地分配到社会所有阶层和群体，从而自动消除贫困，形成帕累托最优状态	基础广泛的增长：基于市场导向的一种能够充分利用劳动力并使其发挥自身最大能力的劳动密集型增长模式，重点在于扩展穷人的就业机会	益贫式增长：基于市场和非市场行动相结合的旨在实现减贫和改善财富分配不平等状况，并使穷人得益比例高于非穷人的有利于穷人的增长模式，重点在于扩展穷人的经济机会	包容性增长：基于市场和非市场行动相结合的旨在革除权利贫困和社会排斥、倡导和保证机会平等的高速、有效和可持续的增长模式，重点在于扩展发展机会以使民众的福利得以持续改善和增加，实质自由得以扩展
减贫战略政策	通过市场机制的边际调整来实现和谐的、累积的单纯经济增长过程，以达到稳定的均衡状态	基于扩展就业机会和能力兼顾的减贫战略：一是促进对劳动力的需求，为穷人提供谋生的更多经济机会；二是广泛提供基本社会服务，增加穷人人力资本，提高其利用谋生机会的能力	基于扩展经济机会的反贫困战略：①使穷人增进和积聚多种形式的资本并提高回报率，以扩展穷人的经济机会；②促进赋权，以政治民主、社会平等增加穷人的经济机会；③加强社会保障，以使穷人更好利用经济机会，让经济机会更为稳固	基于机会与增长相辅相成的包容性增长战略：①培育和提升人力资本，以使民众获得人力资本价值公平；②增强制度设计与政策制定的公平性，以使民众获得市场竞争环境公平；③建立公平的防护性保障体系，以使民众获得社会保障价值公平

注：实质自由是指人人享有人们有理由且普遍珍视的能过上体面生活的可行能力，包括免受困苦（诸如饥饿、营养不良，可避免的疾病、过早死亡之类）的基本可行能力，以及能够识字算数、享受政治参与及其权益等的自由，比如失业者有资格得到救济，收入在最低标准线之下者有资格得到补助，每一个孩子都有资格上学接受教育等权利（阿马蒂亚·森，2002）。

资料来源：根据相关理论和实证文献以及国际机构的发展报告整理。

2007；世界银行增长与发展委员会，2008）的逻辑演进，以及减贫战略和政策的不断改进和完善（见表2－1）。

二　包容性增长理念的形成

相关研究表明，过去5年间，全球财富以前所未有的速度增长，然而，全球仍有大约3.2亿—4.43亿人处于长期贫困状态，并且这种长期贫困具有代际传承性①。2008年，世界银行以2005年购买力平价重新评估世界人口贫困状况，认为全世界有14亿人口（占世界人口的25.2%）生活在赤贫之中（以1.25美元贫困线衡量），其中，亚太地区贫困人口占世界贫困人口的2/3（9.03亿人，占亚太地区人口的27%）；同时，全世界范围内收入不平等现象加剧的国家数量大幅增加，非收入方面的不平等程度日益增强，不平等维度（经济、政治和社会不平等）日益增多，更为重要的是，这些维度之间呈现出相互关联和代际传递的趋势（世界银行，2006；2008）。在亚洲，除中国以外，有数据可查的21个发展中国家中，还有14个国家的基尼系数都有所上升（Ali and Hyun，2007）。显然，上述客观存在的贫困和不平等现实，不仅羁绊了经济的快速高质量增长和社会进步，更重要的是羁绊了经济增长所形成的福利向民众尤其是贫困和弱势群体的传导，增长成果并没有广泛惠及所有人。在这样的背景和现实下，关于“导致收入和非收入不平等的原因是什么”和“如何使经济增长过程更加公平，使增长的成果能广泛惠及所有人”的问题，就逐渐成为学术界、国

① 资料来源：英国曼彻斯特大学长期贫困研究中心（CPRC）：《脱离贫困陷阱：2008/2009年度长期贫困报告综述》，《国际减贫动态》2009年第2期。

际机构讨论和研究发展政策的焦点，也成为许多发展中国家在推行减贫和发展战略实践中努力探究和总结的重要内容。由此，亚洲开发银行在对上述问题进行深入研究的基础上，于2007 年率先提出了包容性增长的增长模式和理念，并在其后的形成和发展过程中发挥了重要作用。

早在2004 年亚洲开发银行“杰出学者演说”会上，林毅夫就发表了题为“发展中亚洲国家利及所有人民的增长方式的发展战略”的演讲，提出“亚洲发展中国家应该遵循比较优势，利用后发优势，采取包容性增长，从而缩小同发达国家之间的差距”。这是他在多边国际场合首次提出这一代表新增长理念的概念，也是首次将其在2003 年发表的学术论文“Development Strategy, Viability and Economic Convergence”① 中阐述的包容性增长思想从理论探讨引入公共政策和政府施政策略的讨论。他是较早提出包容性增长理念的学者，也为亚洲开发银行2007 年“包容性增长战略”的正式形成做出了重要贡献。

其实，亚洲开发银行在2004 年提出的促进贫困减除战略中，“包容性社会发展”就是其中的一大战略支柱，而在其后的第二个中期战略中，更是将“强化包容性”作为优先战略。2006 年6 月，为研究亚洲未来发展趋势以及亚洲开发银行在经济社会发展进程中的作用，亚洲开发银行组建了一个会集国际机构和各国著名经济学家的名人小组②，该小组在2007 年3 月向亚洲开发银行行长提交了题为《新亚洲、新亚洲开发银行》的研究报告并指

---

① 该文发表于：*Economic Development and Cultural Change*, 51 (2): 277 - 308, 2003。

② 该小组由联合国贸发会秘书长，美国、中国、印度三国著名经济学家，索尼公司以及德意志银行集团高层组成，中国著名经济学家、现任世界银行首席经济学家林毅夫，美国总统奥巴马的首席经济顾问、白宫国家经济委员会主任劳伦斯·萨默斯均为该小组成员。

出：因应未来亚洲各国的经济发展，新亚洲开发银行从聚焦于个体国家的经济发展转向关注于整个亚洲、整个世界的经济发展，将战略定位从关注贫困减除扩展到促进包容性增长。这正是其后亚洲开发银行各项包容性增长政策出台的渊源。同时，基于中国加入 WTO 以后经济增长迅猛、收入和非收入差距持续扩大的事实，2005 年，由亚洲开发银行赞助，亚洲开发银行经济研究局和驻中国代表处联合开展了“以包容性增长促进社会和谐”的研究课题①，旨在分析中国经济过去 30 年增长的特点、收入差距扩大的原因及所带来的问题，探讨通过实现包容性增长构建和谐社会的政策选择。在上述研究报告的基础上，2007 年 10 月，亚洲开发银行组织了一次以“新亚太地区的包容性增长与贫困减除”为主题的国际研讨会，会议达成了“增长必须具备包容性、可持续性以及更为民众所认同”的共识，其后的亚洲开发银行官方成果报告明确提出：亚洲开发银行必须实现重大转变以期更好地服务于包容性增长。2008 年，亚洲开发银行正式把支持包容性增长确定为其长期战略框架的三大支柱之一（其余两大支柱分别为环境的可持续增长和区域一体化）。

世界银行作为长期致力于全球贫困减除和发展工作的国际机构，它关于减缓贫困与增长、不平等之间关系的认识也在不断深化，相应地，其关于包容性增长的理念和战略也在逐步形成，并为包容性增长理论的完善发挥了重要作用。世界银行关于包容性增长的理念集中体现在《2004 年世界发展报告：让服务惠及穷人》《2006 年世界发展报告：公平与发展》和世界银

① 该研究课题的成果已以《以共享式增长促进社会和谐》的标题于 2008 年由中国计划出版社正式出版。

行增长与发展委员会《2008年增长报告——可持续增长和包容性发展的战略》中（见表2-2）。

表2-2　**世界银行关于包容性增长理念的核心内容**

世界发展报告	包容性增长理念的核心内容
2004年报告：让服务惠及穷人	在有些时候，穷人甚至比富人更需要基础服务，免于疾病的困扰和接受教育获取知识是穷人摆脱贫困的两个重要渠道，其他基础服务也有助于缓解贫困，为穷人从贫困中解脱出来创造条件。 并非所有人都能从持续的经济增长中获益，而可以获得并且也能支付得起的质量优良的服务将有助于改善穷人的状况。 穷人需要的基本服务，政府有通过扩大公共支出、技术调整和改革激励机制以改进服务供给状况和穷人享受服务质量的责任，这是因为：①市场失灵会导致服务的产出和质量低于社会最佳水平，需要政府干预；②政府有责任缩小甚至消除穷人与富人在享受服务方面的差距，改善穷人的健康和教育状况，以保证社会公平
2006年报告：公平与发展	公平是指在追求自己所选择的生活方面，个人应享有均等机会，而且最终不应出现极端贫困的结果。 机会不平等是导致所有不平等差异的基本因素，它会加剧经济绩效的低下、政治冲突和制度的脆弱性，这是因为：①当市场不完善时，权利和财富的不平等会转化为机会的不平等，从而导致资源分配效率低下；②权利的不平等会形成永久制度化的地位和财富不平等，这将不利于投资和创新。 公平和增长相辅相成，广泛分享经济和政治机会对经济增长具有至关重要的作用，而且机会的质量非常重要。为此，要建立包容性增长的制度，通过公共行动实现政治和经济竞争环境的公平化，对人进行人力资本投资，扩大司法公正和基础设施的享受范围，促进劳动力市场、金融市场和产品市场的公平性
2008年报告：可持续增长和包容性发展的战略	构建和实践可持续增长和包容性发展的战略，可取得巨大成果并为民众所广泛共享。合理充分利用经济增长造福于所有民众，将成为消除贫困的有力武器之一。 持续高增长经济体具有五个明显的共同特征：①充分利用全球经济；②着眼于未来较高的储蓄率和投资率；③充分利用市场机制来配置资源；④保持适度的通货膨胀和可持续的公共财政，以确保宏观经济稳定；⑤拥有敢作敢为、值得信赖和精明强干的政府。 可持续增长和包容性发展的战略涉及的基本政策要素错综复杂，但总体上可分为五类：累积型政策、创新型政策、稳定型政策、分配型政策和就业型政策

注：2004年报告将“穷人的服务”界定为直接有助于改善穷人卫生保健和教育状况的服务，包括医疗保健服务、教育服务以及诸如供水、排污和能源等基础服务。

资料来源：根据相关报告内容整理。

综上，基于机会平等视角，亚洲开发银行、世界银行等国际机构和经济学者们结合收入分配状况和贫困的动态变化以及长期贫困现象的日益突出来重新审视增长模式，丰富了增长理念，无疑具有非常重要的现实意义和深刻的政策内涵。目前，包容性增长模式和理念已成为亚洲开发银行和世界银行等国际机构致力于贫困减除和发展的指导思想和核心战略，并在国际上得到广泛接受和认可，甚至有些国家（例如中国）已宣称要致力于推进和实现包容性增长和发展。

三 关于包容性增长的定义

包容性增长作为一个新概念，尽管在国际上受到高度关注和认可，但到目前为止还没有一个统一和公认的定义。梳理和综括现有文献，可以发现，关于包容性增长的定义主要有以下四类。

第一类，把包容性增长界定为机会平等的增长（Ali and Zhuang，2007；ADB，2007）。在该类定义中，机会平等是包容性增长的核心，包容性增长既强调通过高速和可持续的经济增长以创造就业和其他发展机会，又强调通过减少与消除机会不平等来促进社会公平和增长的共享性。唐钧（2010）认为，包容性增长的内涵就是“参与”和“共享”，只有当所有民众都能够“参与”和“共享”时，经济增长才具有积极意义。进一步，Ali and Hyun（2007）认为，包容性增长就是要达到以下四个结果：可持续和平等的增长，社会包容，赋予权能，安全；同时，快速且可持续的增长应该建立在广泛的部门和区域基础上，包容大部分劳动力、穷人和易受伤害群体。

第二类，基于对贫困和弱势群体的关注，认为包容性增长是益贫式增长。这是因为，贫困和弱势群体很难从增长中受益，因而包容性增长应使低收入群体从经济增长中分享收益，最好是使其多受益，使他们过上有尊严的生活（Besley et al.，2007）。包容性增长作为一种发展战略，它是益贫式增长的扩展，这种发展有利于发展中国家中的大多数人，而且在经济与政治上更具有持续性（Birdsall，2007）。

第三类，基于全球视角从国内外层面界定包容性增长。杜志雄（2010）认为，（1）从中国经济发展的实际看，包容性增长是一种“普惠式增长”，即不断为民众逐步过上富裕生活创造物质基础，以实现公平分配，提高居民收入在国民收入中的比重和劳动报酬在初次分配中的比重；（2）在国际层面上，包容性增长是一种“开放性增长”，国与国之间在开展经济合作时应该互相关照，互惠互利，携手发展。马晓河认为，（1）从国内层面上看，包容性增长应具有三个层次的含义：①它是和谐增长和科学增长；②民众都能在增长中获益，尤其是低收入群体获益更多；③这种发展应该有利于社会发展、公共服务和精神文明建设。（2）从国际层面上看，国家与国家之间应该实现协调、和谐的增长，共赢和多赢的增长[①]。

第四类，从就业、制度、执政理念的角度界定包容性增长。Felipe（2007）把包容性增长与就业联系起来，认为包容性增长应该实现穷人的充分就业，并使工资增长速度高于资本报酬增长速度，从而缩小贫富差距。俞宪忠（2010）认为，

---

① 资料来源：《什么是“包容性增长”?》，《中国经济周刊》2010 年第 38 期。

“包容”是民生发展的制度诉求，包容性增长就是经济增长、人口发展和制度公平的有机协同，具有显著的民本主义发展取向。陈杰人（2010）则结合中国执政党的核心理念，从三个层面理解包容性增长的定义：在价值层面，人民利益至上是包容性增长的核心；在方法层面，法律和政策的调节是实现包容性增长的关键；在技术层面，要更多地照顾民营企业等各类草根利益主体。

第三节　包容性增长理论的基本要义与政策内涵

一　包容性增长理论的基本要义

综上，尽管学者们对包容性增长关注的对象和内容各有侧重，不同学者有不同的诠释，但是，综合来看，他们均认同：①机会平等和成果共享是包容性增长的核心内涵；②包容性增长就是要在可持续发展中实现经济社会的协调发展。可见，包容性增长既是目的，也是手段，它是一种把经济增长过程和经济增长结果有机统一的经济社会协调发展模式。具体来说，包容性增长理论内含以下四个方面的基本要义。

1. 通过高速、有效和可持续的经济增长创造大量就业和发展机会

经济增长可以促进劳动力价值升高，创造大量新的就业机会，促使工资水平上升，因而能将增长成果更广泛地传导给劳动者；经济增长能创造必要的资源，用于支持实现人力资本改善和提升、教育和基本医疗卫生水平提高、技术创新能力不断

提高、贫困率不断下降等经济社会发展目标；持续的经济增长还能扩大民众的选择范围，产生更多、更加平等的分配机会。因而，经济增长是让民众能更多参与生产和创造的必要条件（但并不是充分条件），是实现若干经济社会目标的工具和手段。可见，不管我们如何界定包容性增长这一概念，它本身就蕴含着这样的基本要义：一方面，贫困的缓解和摆脱、不平等的缩小和消除离不开高速、有效和可持续的经济增长，经济增长能为民众创造新的就业机会和发展机会，创造出民众单凭一己之力难以企及的诸多选择；另一方面，经济增长并不总是有利于减贫、缩小和消除不平等，它要求民众的不懈努力作用于经济增长。从人类发展的广义内涵上看，民众的发展既是经济增长的目的，也是实现经济增长的最重要手段（世界银行增长与发展委员会，2008）。

2. 革除民众尤其是贫困人口和弱势群体的权利贫困和所面临的社会排斥

Tandon and Zhuang（2007）认为，发展中国家除了收入差距外，非收入方面的差距也在扩大，其中最受人关注的是民众在接受基础教育、基本医疗卫生服务以及其他基本社会服务等方面所面临的机会不平等。而这主要是缘于民众尤其是贫困人口和弱势群体的各种权利（包括政治权利、经济权利和社会权利等基本人权）的被剥夺和被侵蚀，以及由于等级地位、权势和财势、城乡分割制度、地理位置、性别以及无能力等原因而遭受到的各种社会排斥。不难发现，社会排斥在现实社会中有诸多表现，例如，劳动力市场上的排斥、信贷市场上的排斥、与性别相关的排斥、社会保障制度上的排斥等。可见，民众的权利贫困和所面临的社会排斥是导致其贫困的重要原因。权利剥夺、能力缺失是导致贫富差距拉大的真正原因（阿马蒂亚·森，2002），社会排斥本身不但是权利剥夺和能力缺失的一部分，而且是造成各种权利剥夺和能力不足的原因之一（阿马蒂亚·森，2005）。当前世界各国或者地区民众在经济、政治等方面强烈的福利受损感和社会不公平感，其实质就是民众的权利贫困及其所遭受到的各种社会排斥的重要体现。因此，倡导和推进包容性增长，就要革除民众尤其是贫困人口和弱势群体的权利贫困和所面临的社会排斥，强调和重视民众尤其是贫困人口和弱势群体平等地享有各种政治、经济和社会权利，不应将他们排斥在经济增长进程之外。人类历史发展的经验表明，社会越是向前发展，权利贫困和社会排斥对贫困的影响越大；一个良性发展的社会，其核心标志是民众逐步摆脱权利贫困和社会排斥，使个人基本权利不断得到扩展和保护，真正实现“人的全面发展”。

3. 倡导和保证机会平等，促进和实现社会公平正义

公平正义是人类永恒的价值诉求和价值追求，从某种意义上说，人类历史的发展过程就是不断追求公平正义的过程。但是，收入和非收入方面差距不断扩大所产生的严重的不良经济效应和社会效应，在很大程度上延缓和阻碍了这一进程。这是因为，过大的或者不断扩大的收入和非收入差距使得增长成果难以惠及所有民众，长此以往会削弱社会凝聚力，降低制度和政策的有效性，最终会损害经济增长和社会发展的前景。导致收入和非收入差距的原因很多，且不同的国家有不同的国情，但从政策制定的视角看，大体上可以归纳为两大类：（1）人的

背景或者所处环境（包括家庭财富与权势、社会关系、宗教信仰、肤色、性别、所处的地理环境、所工作的行业等）的不同；（2）人的努力与勤奋程度的不同（Roemer，2006）。由个人背景或所处环境因素造成的收入差距，大多反映的是“机会不平等”，是社会不公的表现，通常由制度、市场与政策的不完善与失灵所造成。同时，就可持续发展和减少贫困而言，机会不平等是对人类天赋的浪费，是有害的，它会加剧经济效率的低下、政治冲突以及制度的脆弱性（世界银行，2006），必须通过公共政策手段加以解决。而由个人努力和勤奋程度的不同所造成的收入差距，反映的是市场机制的酬勤惩懒，是良好的激励机制，能够鼓励创业与创新，这是促进经济增长所必不可少的。基于“不平等”的两大来源，世界银行（2006）区分了“机会的不平等（包括就业、受教育、接受基本医疗卫生服务机会的不平等）”和“结果的不平等（包括收入不平等、财富不平等）”这两个相关而又不相同的概念。从公平的角度看，机会平等要比结果平等更为重要。由个人背景或者所处环境不同导致的机会不平等是不可以接受的，而由努力程度不同导致的结果不平等却是可以接受的（Chaudhuri and Ravallion，2007）。因此，促进和实现“包容性增长”，除了要重视努力实现高速、有效和可持续的经济增长，最大限度地创造就业机会，努力革除民众尤其是贫困人口和弱势群体的权利贫困和所面临的社会排斥外，还要倡导和保证机会平等，通过机会平等改善收入和财富分配，缩小结果的不平等，促进和实现社会公平正义。从这个意义上说，机会平等和社会公平正义正是包容性增长理念的核心要义所在。

4. 增强增长的广泛共享性和共享的公平性，确保民众获得最低限度的福利水平，从而提升和扩展民众的实质自由

以上分析表明，包容性增长是一个内涵更加广泛的发展概念，它不仅着眼于消除贫困，更为重要的是强调人人有平等机会参与增长过程，并分享增长成果。包容性增长即为建立在机会平等基础上的经济增长（ADB，2007）。进而言之，为了使包容性的经济增长成功，还必须致力于实现机会均等，让人人都拥有分享增长成果的公平机会（世界银行增长与发展委员会，2008），以增强增长成果的广泛共享性和共享的公平性，确保民众获得最低限度的福利水平，从而提升和扩展民众的实质自由。可见，包容性增长的根本目的是改善和增进民众的福利总水平，最终的价值指向是提升民众的实质自由。这即为，收入是手段，福利是根本（杜志雄，2010），自由是价值指向。

综上分析，包容性增长理念有四个基本要义，即：（1）经济增长；（2）权利获得；（3）机会平等；（4）福利普惠。依此逻辑，包容性增长就是要在革除权利贫困和社会排斥、倡导和保证机会平等的经济增长过程中，使民众的福利得以持续改善和增进，民众的实质自由得以保障和扩展。

二　包容性增长理论的政策目标

透过上述对包容性增长理论的渊源、内涵和基本要义的综述与分析可见，包容性增长理论蕴含着宏观层面的政策内涵。Ali and Zhuang（2007）提出，包容性增长需要保持经济的高速与持续增长；同时，包容性增长也要求通过减少与消除机会不平等来促进社会公平与增长的共享性。这两个方面是相辅相成

的：没有经济增长就没有机会，没有机会，机会平等也就成为空中楼阁；而如果机会不平等、社会不公，增长就缺乏共享性，经济也不可能保持高速而持续的增长。因此，就政策选择而言，为推进和实现包容性增长，关键在于形成一个完善的、有效的、能坚定执行的包容性宏观政策体系，在这样一个政策体系中，政策目标是实现人人都能积极地参与经济增长过程，并能有平等机会从中获得高质量的人力资本价值公平和市场竞争环境公平①，在合理分享增长成果方面也不会面临权利剥夺、能力缺失以及社会排斥。由此，政府政策和公共行动应该致力于使不同境况的民众实现机会均等化，以便他们能自由地配置其人力资本，并最终能达到较高的福利水平和实质自由水平。为此，政府需要在以下三个方面付诸努力。

（1）增加在培育和提升人力资本方面的投入，以提高民众特别是弱势群体的基本素质和能力，使民众获得高质量的人力资本价值公平。这是发展中国家政策制定者必须坚定承诺并努力实现的基本政策目标，也是推进和实现包容性增长的题中应有之义。考虑到基础教育、基本医疗卫生服务以及其他社会服务这些培育和提升人力资本方面的投资均属于公共产品，具有较强的外部性和溢出效应，因而政府在促使民众平等获得这些领域的公共服务方面应扮演关键角色。

（2）加强制度设计与政策制定的公平性，消除社会不公，完善市场机制，创造平等竞争的条件，以使民众获得高质量的市场竞争环境公平。建立和维护市场规则化、竞争秩序化、权

① 市场竞争环境公平是指在成为社会上活跃、政治上有影响力和经济上有生产力的角色方面，社会所有成员都享有类似的机会（世界银行，2006）。

益保障法律化的公平竞争环境，这是市场机制顺利和健康运行的条件，同时也是市场主体公平竞争的保证。这里的一个核心问题是要最大限度地创造劳动者就业和发展的机会，要通过促进竞争环境公平的制度设计和政策制定，在有效促进经济可持续增长的同时，为贫困和弱势群体提供更多的有尊严的就业机会和发展机会。

（3）建立以权利公平、机会公平、规则公平、分配公平为主要目标，以社会安全网和社会保障机制等为主要内容的防护性保障体系，以防止和消除极端贫困，使民众获得与经济增长相适应的高水平的社会保障。建立覆盖城乡民众的具有可持续性的社会保障体系；加强社会保险、社会救助、社会福利的衔接和协调，不断提高社会保障水平；加大公共财政的社会保障投入，扩大各类社会保险的覆盖面，健全社会救助体系，发展社会福利事业和慈善事业。

三　包容性增长理论的政策措施

为推进和实现包容性增长，政府除了要从上述三个宏观战略层面努力实现政策目标外，还需要精心制定实现包容性增长的具体政策①。包容性增长理论的具体政策措施大致可以分以下五类②。

---

① 虽然这些政策并不能保证包容性发展一定能达到既定目标，但对于一个国家或者地区能否抓住机遇，从而实现可持续的包容性发展却具有实质性的影响。将注意力集中于其中的一些根本政策要素，就可以提高加快包容性发展的可能性，并显著促进包容性发展质量的提升（世界银行增长与发展委员会，2008）。

② Bacha 把这些根本政策措施概括为“经济开放、社会包容、政府有效”。参见世界银行增长与发展委员会（2008）。

（1）累积型政策。强劲而持续的经济增长有赖于高投资率（包括公共投资和私人投资），重点在基础设施投资和人力资本投资（教育培训、基本医疗卫生服务）两个方面。

（2）创新型政策。从全球范围获取知识和技术，促进知识和技术的传播、吸收、创新和商业化，推进包容性创新（与经济弱势群体需求相关的知识和技术的传播、吸收和创新）。

（3）分配型政策。关注资源的优化配置，政策要点在于利用市场机制尤其是价格机制引导资源配置，主要政策措施包括：构建运作完善的劳动力市场，通过劳动力的培训和再培训项目促进和保护劳动力的流动，鼓励出口，促进资本流动和金融市场适度开放，等等。

（4）稳定型政策。确保国家宏观经济稳定，避免经济衰退、债务缠身和通货膨胀失控。这是因为，宏观经济动荡既是潜在的社会不公和与之相关的制度缺陷导致的结果，也是这两者产生的原因（世界银行，2006），并且会阻碍社会发展和社会公平的实现。为此，包容性增长还需要一个敢作敢为、值得信赖、精明强干的政府，并增强其强有力的领导作用和治理能力。政府在制定确保宏观经济稳定的政策时，必须要确定减贫和缩小不平等的总体战略，坚定不移地追求包容性增长的各层次目标。

（5）就业型政策。创造并扩大就业和经济机会，促进公平和机会均等，实现结果不平等最小化，建立和谐的共享型社会。把充分就业作为经济社会发展的优先目标，积极实施扩大就业的发展战略；强化政府促进就业的责任，实施更加积极的就业政策和相应的财政、金融、产业等方面政策；建设覆盖城乡的公共就业服务体系，健全面向所有困难民众的就业援助长效制度，完善就业与社会保障的联动机制，促进体面劳动；通过决定投资和修建基础设施的位置来影响产业的地理集中度和地区专业化水平，进而促进就业和发展机会的空间分布更加平等。

从上述各部分内容的梳理和分析中可以发现，包容性增长理念的形成和理论的发展，虽然时间不是很长，却隐含着一个严密的逻辑框架和完整的内容体系，如图 2－1 所示。

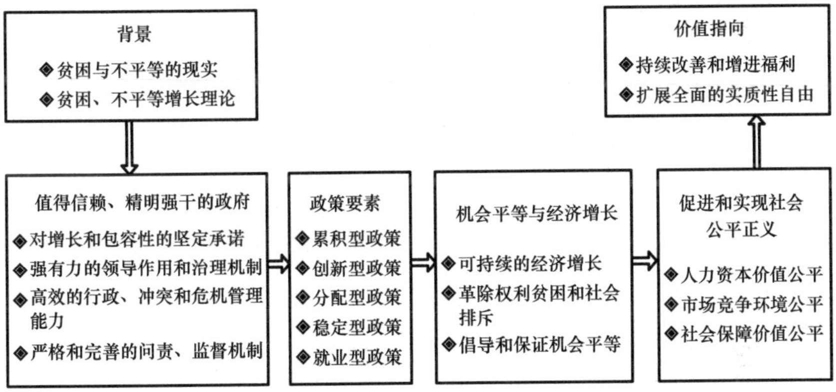

图 2－1 包容性增长理论的逻辑框架和内容体系

第四节 包容性增长：中国经济社会协调发展的全新时代命题

在 2009 年 11 月至 2010 年 9 月期间，包容性增长两次被胡锦涛在亚太经合组织会议上的讲话中提及和强调，表明这个全新的经济学概念和发展理念也得到了中国最高领导人的认可和接受。而且透过胡锦涛论述的话语环境（国际正式公开场合，国内收入差距日益扩大、推进收入分配制度改革的呼声日益高涨）和话语内容来看，其讲话既是诠释一种全新的发展理念，阐述包容性增长的中国式理解，更为重要的是隐含了中国政府将坚定践行包容性增长的决心和信心，是在释放有关中国“十二五”时期乃至今后中长期经济社会发展道路的一种重要政策信号。

从当今中国经济社会发展的实际出发，倡导和坚定践行包容性增长具有深刻的现实背景和针对性。尽管30多年的改革开放使中国在制度变迁和经济绩效等方面取得了举世瞩目的历史性成就，但是，客观来看，增长成果并没有等比例、完全惠及所有民众，甚至有些贫困和弱势群体根本就没有机会分享到增长成果。中国经济高速增长的背后隐藏着许多与包容性增长的相悖之处，突出表现在以下几个方面：（1）尽管经济高速增长导致了贫困人口大幅下降，但是，按照国际贫困标准，中国的贫困人口数量依然庞大，扶贫仍然任重道远，甚至在某些方面任务反而加重了。（2）经济高速增长伴随着收入分配状况的严重日趋恶化，收入分配差距呈“多层次、结构性”的扩大之势。例如，基尼系数有较大幅度的提高；城乡之间、城镇内部和农村内部、地区之间、行业之间、群体之间的收入差距日益拉大；劳动报酬在GDP中所占比重连年持续下降，而资本报酬所占比重在显著上升①；在国民收入分配格局中，居民部门收入所占比重逐年下降，而企业和政府部门收入所占比

① 据《人民日报》2010年5月18日报道，中华全国总工会的统计数据显示，中国居民劳动报酬占GDP的比重，在1983年达到56.5%的峰值后就持续下降，2005年已经下降到36.7%，22年间下降了近20个百分点。而从1978年到2005年，资本报酬占GDP的比重上升了20个百分点。

重逐年上升[①]，企业和政府部门更多地分享了经济增长所带来的益处；收入分配秩序混乱，严重伤及公平。（3）不仅是收入差距，非收入方面的差距也居高不下，这主要表现在贫困和弱势群体在接受基础教育、享受基本医疗卫生服务和其他社会服务的机会方面虽有改进，但不平等现象仍然存在，消除非收入贫困进展缓慢。

中国最高领导人在国际正式公开场合的话语内容和中国经济社会发展的现实语境均表明，当前中国迫切地需要坚定践行包容性增长，以缓解和缩小各种形式和层次的收入差距和非收入差距；倡导和保证机会平等，从而促进增长成果的广泛共享性以及共享的公平性。走包容性增长道路，不仅是当前中国经济社会情势所必需的，也是贯彻落实科学发展观、构建社会主义和谐社会、建设社会主义新农村、推进城乡一体化发展和转变经济发展方式的内在逻辑要求，更是新时期中国经济社会协调发展的一个全新时代命题。因此，中国继续做好包容性增长的积极倡导者和坚定实践者，继续推动科学发展，促进社会和谐，将是长期和艰巨的任务。

---

① 1992—2005 年，在国民收入的初次分配阶段，居民部门收入所占比重下降了 10.70 个百分点，而企业和政府部门收入所占比重则分别上升了 7.49 个和 3.21 个百分点；在国民收入的再分配阶段，居民和企业部门收入所占比重分别下降了 2.01 个和 1.16 个百分点，而政府部门收入所占比重则上升了 3.17 个百分点（白重恩、钱震杰，2009）。

第三章　准公共产品的本质属性及其供给模式：基于包容性增长的视角

第一节　产品的分类和包容性增长理论

在西方经济学理论中，公共产品理论是讨论与分析产品属性的主流理论。萨缪尔森首次区分了公共产品与私人产品（Paul Samuelson，1954）。如果每个消费者对某种物品的消费，不会使得其他消费者对该物品消费的减少，则该物品称为公共产品；如果某种物品能够分割且分割后的每一部分能够按竞争价格出售给不同的消费者，并不会对其他消费者产生外部效应，则该物品称为私人产品。简言之，公共产品是具有消费的非竞争性和受益的非排他性特征的产品，私人产品是具有消费的竞争性和受益的排他性特征的产品。非竞争性是指一个消费者对某物品的消费不会减少其他消费者的消费数量，或者多个消费者可以同时消费某一种物品；非排他性是指无法或者难以排除任何一个消费者从物品的消费中获益，其原因可能是排他技术不可行，也可能是排他技术可行但排他成本提高，还有可能是排他没有必要性。可见，非竞争性和非排他性是公共物品特征的技术性阐释和技术特征，也是区分公共产品与私人产品的两大基本标准。

萨缪尔森定义的“公共产品”实质是纯公共产品的概念，但是，现实生活的产品世界中，真正的纯公共产品并不多见，人们经常所面对的多是属于中间形态的准公共产品，这类公共产品介于纯公共产品与私人产品两极之间（任俊生，2002；陈其林、韩晓婷，2010）。在萨缪尔森等人研究的基础上，布坎南提出了俱乐部理论，该理论根据产品的“公共性”特征，将产品划分为三大类：一是纯公共产品类；二是俱乐部产品类；三是私人产品类（James M. Buchanan，1965）。其中，俱乐部产品是一种介于纯公共产品和私人产品之间的准公共产品或者混合产品。可见，准公共产品是一种俱乐部产品，具有消费上的非竞争性和受益上的排他性特征。具体来看，准公共产品或者是一种扩大了受益范围的私人产品，较之私人产品，它具有部分的非竞争性和非排他性；或者是一种限定了受益范围的纯公共产品，较之纯公共产品，它具有部分的竞争性和排他性。可见，准公共产品是“非竞争性与排他性组合”的产品系统，可以适应从纯公共产品到私人产品的连续集合上的任意一点。所谓排他性，是指将非俱乐部成员或者那些不愿意或者不能为准公共产品付费的消费者排除在准公共产品的受益范围之外。

2007 年，亚洲开发银行首次提出包容性增长的理念；2008 年，世界银行增长与发展委员会提出了可持续增长和包容性发展的战略，进一步阐释和发展了包容性增长理念，并形成了基本的理论框架体系；2009 年 1 月至 2010 年 9 月，时任中国国家主席胡锦涛两次在亚太经合组织会上强调要实现包容性增长，并将包容性增长理念引入中国的发展实践中。目前，包容性增长理念及其理论已经在国际上得到了广泛接受和认可，成为包括中国在内的许多国家各项经济社会事业发展的理论指引和政策导向。

亚洲开发银行将包容性增长界定为机会平等的增长，在这一界定基础上，不同学科领域的学者对包容性增长有不同的诠释，但都一致认为，（1）包容性增长的核心内涵是机会平等和成果共享，即所有社会成员既要有机会参与经济增长过程，为经济增长做贡献，又要有机会平等地共享经济增长的成果；（2）包容性增长的重点是要改进弱势群体的经济状况和社会地位；（3）包容性增长的价值取向是促进社会公平正义，改善和增进所有社会成员的福祉水平。由此，所谓包容性增长，就是要在革除权利贫困和社会排斥、倡导和保证机会平等的经济增长过程中，使民众福利得以持续改善和增进（杜志雄、肖卫东、詹琳，2011）。可见，包容性增长既是目的，也是手段，其内涵丰富，思想深刻。包容性增长与中国近年来所提出的“科学发展观”“和谐社会”“中国梦”等发展理念和指导思想一脉相承，与“城乡发展一体化”“公共服务均等化”等发展战略有机衔接、内在统一。同时，包容性增长也蕴含着丰富而又深刻的政策内涵。践行包容性增长要求在政策的价值取向上促进不同境况的社会成员都能够平等地获得就业机会和其他发展机会，建立健全以权利公平、机会公平、规则公平、分配公平为主要内容的社会公平体系，形成人人参与、共建共享的美好局面。践行包容性增长要求在政策目标上坚持以人为本、以保障和改善民生为重，多谋民生之利，多解民生之忧，解决好社会成员最关心、最直接、最现实的教育、就业、医疗、养老等公共产品和准公共产品的获得和消费问题。践行包容性增长要以有效、充足、公平地满足所有社会成员对公共产品和准公共产品的实际需要为战略重点和主攻方向。

第二节　准公共产品的本质属性及其类别

学术界对准公共产品本质属性的界定和探析，尚无统一定论。布坎南的俱乐部理论认为准公共产品是一种“集团公共性”产品。准公共产品的本质属性就是“集团公共性”，并且在集团内部和外部，准公共产品的属性会发生相应转化：在集团外部，准公共产品表现出向私人产品转化的趋向；在集团内部，准公共产品表现出向纯公共产品转化的趋向。雷诺兹认为准公共产品是具有消费的竞争性、排他性以及外部性的产品，其中，外部性是准公共产品的本质属性（雷诺兹，1994）。巴泽尔认为准公共产品的产权只能在某几项属性上界定或者在一定程度上可以界定清楚，所以从产权视角看，准公共产品是这样一类中间产品：其产权能够部分界定清楚；准公共产品的本质属性是“部分产权”，而非“完全产权”（巴泽尔，2006）。因为，产权的本质特征是排他性，使得受益或者受损结果得以内部化，实现外部性的内部化（德姆塞茨，1999），在适当的产权制度下，几乎所用的产品都可以实现有效排他（James M. Buchanan，1965）。任俊生认为典型的准公共产品具有三个本质属性：一是拥挤性；二是消费数量非均等性；三是局部排他性（任俊生，2002）。以上研究仍然将技术特征视为准公共产品本质属性的分析框架，通过某种技术设计能够实现准公共产品的排他性，显然，含有技术特征的准公共产品可以称为技术性准公共产品。

在市场经济条件下，随着国家对自主创新重视程度的日益增强，科技进步速度日益加快，这一方面使得产品生产者或者提供者对消费者可以实施的排他技术更加先进、排他方式和种类日益增多；另一方面，使得排他成本不断降低，从而使得一些纯公共产品逐步转化为准公共产品。产品边界发生动态变化的条件有很多，排他技术仅仅是其中的一个必要条件，在排他技术可以获得并应用的条件下，"公益目标"是实现纯公共产品转化为准公共产品的决定性因素（陈其林、韩晓婷，2010）。政府正是根据"公益目标"努力将一些原本具有私人产品属性的产品作为准公共产品来提供，这也是政府通过制度设计干预或者矫正"市场失灵"的一个具体结果，可以实现多项政府职能，例如，维护社会公平正义、提高社会成员福利水平、稳定和促进经济社会发展等。可以预想和期待，随着经济社会可持续发展的日益加快，可能会有越来越多的私人产品被政府通过制度设计赋予某种程度上的公益性质，成为准公共产品。准公共产品表示一种集体受益机会，并且这种集体受益机会的实现途径和实现程度，反映出正式制度（包括经济制度、法律法规、政治制度等）和非正式制度（包括传统文化、风俗习惯、社会伦理等）方面的差异（王延惠，2007）。准公共产品的受益边界及其动态变化，就取决于正式制度和非正式制度这两种制度力量的共同作用。从这个角度看，准公共产品其实是一种制度安排，这种制度安排的前提和基础是社会公平与机会平等，政府正是需要通过一系列的基于社会公平正义和机会平等的制度安排来供给具有明显公益性质、较强正外部效应和产权明晰的准公共产品。社会共同需要是公共产品的存在基础和本质（秦颖，2006）。制度特征也是准公共产品本质属性的分析框架，通过某种制度设置能够实现准公共产品的排他性，显然，含有制度特征的准公共产品可以称为制度性准公共产品。

准公共产品还具有消费的非匀质性特征。所谓非匀质性，是指在既定时空条件下某类准公共产品的消费中，一些消费者的消费数量往往多于另一些消费者，消费的产品品质往往优于另一些消费者，即消费者对某类准公共产品在消费品质和消费数量上的非均等性。消费的非匀质性是准公共产品存在的自然基础，非匀质性特征一方面会使得消费者对准公共产品的消费存在消费不足现象，这意味着准公共产品的公益目标难以实现；另一方面存在着过度消费现象，这意味着一些消费者对准公共产品的过度占有，这会导致消费者之间发生“拥挤”、争夺甚至暴力侵占等不良现象，从而导致资源利用的浪费和低效率。在现实生活中，各类准公共产品的非匀质性程度不尽相同，陈其林和韩晓婷（2010）根据准公共产品消费的非匀质性程度与其排他性、竞争性之间的内在关系，将准公共产品划分为三种类型：（1）维持型准公共产品，主要包括有偿消费的国家博物馆、高速公路等，其消费的非匀质性、排他性和竞争性最弱；（2）发展型准公共产品，如教育，其消费的非匀质性、排他性和竞争性都较强；（3）经营型准公共产品，如付费的医疗服务，其消费的非匀质性特征、排他性和竞争性最强。其中，发展型准公共产品和经营型准公共产品存在消费不足的可能性和现实性，以付费的医疗服务为例，消费不足就存在两种表现，一是对优质医疗资源的争夺或者竞争，这会导致“看病难”的不良现象；二是严重患者因没有能力支付高额甚至巨额医疗费用而失去就医机会，这会导致“看病贵”的不良现象。

通过以上梳理和分析，我们可以看出，准公共产品就是一种所有消费者都有平等机会消费和受益的产品。因此，从包容性增长视角看，具有一定公共产品属性的准公共产品，其本质属性既不在于其公共性和外部性的强弱，也不在于其产权的明晰程度，而在于其社会性，在于所有消费者福利的持续改善和增进。首先，准公共产品的核心是机会平等与发展成果共享，即所有社会成员在参与经济增长过程、为经济增长做出贡献的同时，也要机会均等地消费准公共产品，共享经济增长成果。机会平等是准公共产品供给的必要要求和结果。其次，准公共产品供给的重点是创造大量就业机会和发展机会，尤其是要改进低收入群体和弱势群体的经济状况和社会地位，以增强经济增长成果的广泛共享性和共享的公平性。最后，准公共产品的排他性机制设计必须以社会公平与机会平等为基础，努力革除低收入群体和弱势群体在消费准公共产品时所面临的各种非包容的“排斥性”，例如，准公共产品供给和消费体制设置的排斥性、制度环境的排斥性（主要指准公共产品供给的城乡、地区不均衡和政府职责错位导致了公平偏移）和权利保障的排斥性（主要指低收入群体和弱势群体难以充分地享受到准公共产品供给的需求表达权和决策权）。

第三节 准公共产品的供给模式及排他性机制

界定和探析准公共产品的本质属性和划分准公共产品类型的目的有二：一是寻求不同类型准公共产品有效的供给方式；二是设计契合准公共产品本质属性的排他性机制。传统上，人们普遍认为，政府与市场是解决准公共产品供给问题的两大基本机制，即准公共产品可以由政府供给，也可以由市场供给。因为，较之于私人产品，有些准公共产品的消费目标本身就是公益目标，或者接近于公益目标，所以需要政府依据准公共产品的社会性本质属性积极主动提供准公共产品，并通过制度安排扩大受益范围、提高受益程度。因较之于公共产品，有些准公共产品是有偿消费，市场机制对准公共产品仍然具有决定性的配置和调节作用。市场决定资源配置是市场经济的一般规律，完善和优化准公共产品的供给模式和机制也必须遵循这条规律。可见，准公共产品的供给模式和机制设计中的一个核心问题就是要处理好政府与市场之间的关系，要使市场在准公共产品供给中起决定性作用和更好地发挥政府作用。为此，一方面，必须要积极稳妥地从广度和深度上推进准公共产品供给的市场化改革，推动各市场经济主体依据市场规则、市场价格、市场竞争进行效益最大化和效率最优化的准公共产品供给；另一方面，政府必须要加强和优化公共职能服务，保障公平竞争，加强市场监管，维护市场秩序，以促进准公共产品更有效率、更加公平、更可持续地供给。

但也有相关研究表明，在提供准公共产品方面，介于政府与市场之间的第三部门也有着重要的治理功能。发挥更广泛经济主体在准公共产品供给中的应有作用，是包容性增长的要义所在。市场与政府之外的群体自主治理组织、非营利组织等第三部门同样承担着提供准公共产品的角色和机制（埃莉诺·奥斯特罗姆，2000）；第三部门是一种寻求互助的公共集合体，在准公共产品供给中承担着弥补市场失灵和政府失灵的双重功能，其培育和作用的发挥有助于优化准公共产品的供给模式（孙辉，2006）。尤其是在市场经济条件下，完全有可能利用市场机制实现准公共产品的多元化市场供给和合作供给。在过去的几十年里，世界上很多国家都出现了政府、企业、社会组织三方结成合作伙伴关系合作供给准公共产品的模式，并且发展迅速（艾伦·罗森伯姆，2004）。在中国尤其是中国的农村地区，面对农户多样化和复杂化的公共产品（包括准公共产品）需求，单独由政府供给已难以使得农户需求得到满足，需要市场和第三部门供给主体的逐渐参与；当前，政府、市场和第三部门的多主体供给准公共产品的态势已经基本形成，并且政府、市场和第三部门等多元化的供给主体良性互动、共享资源、优势整合、构建合作伙伴关系，形成多样化的准公共产品供给主体组合和供给模式。其中，第三部门的供给机制包括非政府组织（NGO）机制、志愿服务机制、民主自治机制（吕普生，2013），不同的价值取向、运行机制决定了政府、市场和第三部门在提供准公共产品方面的各自优劣（见表3－1）。政府与市场、第三部门的合作互补方式主要有资源吸纳、合作供给、购买服务、政府扶持和公共激励等。

表 3－1　　政府、市场和第三部门的价值取向与运行机制

组织类型	价值取向	运行机制
政府组织	通过强制追求公益目标	行政机制（非竞争性）
市场组织	通过自愿追求私益目标	市场机制（竞争性）
第三部门组织	通过自愿（自愿结社或者志愿行为）追求公益目标	民主自治机制（自治服务组织）
		准市场机制（社会服务组织）
		无私奉献机制（志愿者组织）

资料来源：孙辉：《公共物品供给中的第三部门参与——一种公共物品供给的新范式》，载《财政研究》2006 年第 9 期。

有些公共服务，因为关乎民众的基本生活、机会享有和能力提升，以及经济增长成果的共享性，因而具有准公共产品的典型特征。在中国，由于宏观层面上的双轨制和微观层面上的各类排他性机制，多数公共服务项目就属于准公共产品的范畴，而不属于纯公共产品。基于功能视角，我们可以把中国的公共服务项目划分为以下四类：一是基本民生性服务，主要包括住房保障、社会养老和医疗保障、就业与社会救助服务等；二是公共事业性服务，主要包括基础教育、公共卫生、基本医疗服务等；三是公益基础性服务，主要包括公共设施、资源节约与环境保护等；四是公共安全性服务，包括国防和外交、消防、司法和监察等。中国政府现阶段倡导和实践的公共服务均等化，就是要让所有民众都有平等机会去消费这些属于准公共产品范畴的公共服务项目，即实现公共服务的消费和受益均等化。公共服务项目的多样性和复杂秩序使得其供给需要分权的多中心治理机制和多元化的供给主体组合和供给模式，具体有六种不同的公共服务供给模式：一是政府自己生产；二是政府外包给

一个私营企业；三是政府外包给另一个政府；四是政府自己生产一部分，从其他组织得到一部分；五是政府授权给不同的生产者，并规定服务标准，由消费者自己选择服务提供者；六是票券制（奥斯特罗姆、帕克特、惠特克，2000）。同时，公共服务的复杂秩序还使得非常有必要区分公共服务供给中的服务规划者（提供者）和服务生产者，这两个服务主体可进一步细分为公共部门和私人部门，其中，公共部门是指政府，私人部门是指自由市场、公民、社会组织等；服务规划者和生产者经过优化组合，可以产生 10 种不同的公共服务供给模式，分别为政府服务、政府出售、政府间协议、合同承包、排他的和非排他的特许经营、补助、凭单制、自由市场、志愿服务、自我服务（见表 3 - 2）。这些公共服务供给模式还可以通过多样化、混合和局部安排等方式进行组合。

表 3 - 2　**基于服务提供者与服务生产者优化组合的公共服务供给模式**

服务供给模式	可适用的产品类型	服务提供者	服务生产者	支付成本主体
政府服务	个人物品、可收费物品、集体物品、共用资源	政府	政府	政府
政府出售	个人物品、可收费物品	消费者	政府	消费者
政府间协议	个人物品、可收费物品、集体物品、共用资源	政府（1）	政府（2）	政府（1）
合同承包	个人物品、可收费物品、集体物品、共用资源	政府	私营部门	政府
特许经营（排他）	个人物品、可收费物品	政府	私营部门	消费者
特许经营（非排他）		政府和消费者	私营部门	消费者
补助	个人物品、可收费物品、共用资源	政府和消费者	私营部门	政府和消费者
凭单制	个人物品、可收费物品、共用资源	消费者	私营部门	政府和消费者

续表

服务供给模式	可适用的产品类型	服务提供者	服务生产者	支付成本主体
自由市场	个人物品、可收费物品	消费者	私营部门	消费者
志愿服务	个人物品、可收费物品、集体物品、共用资源	志愿消费者	志愿消费者	—
志愿服务（合同承包）		志愿消费者	私营部门	志愿消费者
自我服务	个人物品	消费者	消费者	—

注：政府（1）和政府（2）是指两个不同的政府。

资料来源：萨瓦斯著，周志忍等译：《民营化与公私部门的伙伴关系》，中国人民大学出版社2002年版。

多数准公共产品实现排他性主要是通过两种机制来实现：成员身份认证机制和货币价格机制。成员身份认证机制将俱乐部消费作为准公共产品的一种边界，拥有俱乐部会员资格的消费者被确定在准公共产品的受益范围之内，可以无差异地享有准公共产品的福利；而不拥有俱乐部会员资格的消费者则被排斥在受益范围之外，不能分享准公共产品的福利。因此，对于俱乐部成员，准公共产品具有非排他性特征；对于非俱乐部成员，则具有排他性特征。所谓货币价格机制是指通过调整准公共产品的价格来对消费者实施排他。在中国当前的现实生活中，多数公共产品为准公共产品且具有明显的排他性特征，产生受益非均等化的排他性机制主要有三种：一是采用抬高价格的方式或者直接制定高价格的方式，使得某些社会成员难以进入准公共产品的消费行列或者直接退出俱乐部；二是将某些社会成员排斥在俱乐部之外，实施歧视性政策和待遇；三是通过货币价格和俱乐部会员身份认证的组合方式，将某些社会成员排除在准公共产品的消费范围之外（叶航、王国梁，2011）。近年来，中国政府一直在倡导和实践包容性增长和公共服务均等化。

其中的一个重要内容就是要实现公共产品、准公共产品消费范围、受益范围及其程度的均等化，是机会均等与结果公正的统一。显然，现有准公共产品的排他性机制在很大程度上与包容性增长与公共服务均等化的本质内容相悖，排他性机制会导致弱势群体被排斥在准公共产品的消费和受益范围之外，其公共福利水平极易受到损害，这会阻碍公共服务均等化目标的实现。

因此，准公共产品的供给模式、制度安排以及排他性机制的设计必须要与包容性增长和公共服务均等化的目标相适应（叶航、王国梁，2011）。实现包容性增长战略和公共服务均等化的目标，必然要求加快重构、优化准公共产品供给模式和排他性机制的步伐，保证准公共产品所能够带来的福利惠及所有民众特别是弱势群体，不断增强民众消费准公共产品的能力。

首先，要构建有利于所有民众的实质自由得以保障和扩展的准公共产品消费和受益机制。因为，包容性增长的根本目的是改善和增进民众的福利总水平，最终的价值指向是提升民众的实质自由（杜志雄、肖卫东等，2010）；自由是社会主义核心价值观的一个基本要素（魏建国，2014）。为此，准公共产品的供给要以增长成果共享、实现人的全面发展和提升人的实质自由为价值导向，把提高人的福祉水平、拓展人的发展空间、维护人的发展权利作为准公共产品供给的终极关怀。准公共产品的供给要强调民生本位，树立和践行准公共产品共享价值观。（1）不同社会阶层的成员有平等机会共享准公共产品，以提高人们的生活质量和幸福指数；（2）不同区域的成员有平等机会共享准公共产品，以促进区域之间的统筹协调发展；（3）城乡居民有平等机会共享准公共产品，以健全城乡发展一体化体制机制，促进城乡要素平等交换和公共资源均衡配置，形成以工促农、以城带乡、工农互惠、城乡一体的新型工农、城乡关系。

其次，准公共产品的排他性机制必须是包容性的、益贫的。为此，设计准公共产品排他性机制时，一要充分考虑低收入群体和弱势群体获取准公共产品的能力和成本；二要不断扩大准公共产品的受益范围，特别是要将低收入群体和弱势群体尽可能纳入受益范围，努力增强准公共产品受益的均等化程度；三要有利于增加民众的包容性收入，增强消费的增长引擎功能。包容性收入类比为包容性增长情境下的居民可支配收入，增加包容性收入是扩大居民消费（包括消费准公共产品）的主要途径（孙涛，2014）。

最后，健全公共政策体系，优化公共服务的分类供给模式，这是推进包容性增长和公共服务均等化的战略突破点和重要着力点。当前的公共政策重点在于改革国民收入分配政策、建立健全社会保障体系、创新教育体制和医疗卫生体制、建立健全政府购买公共服务制度。不同类型的公共服务，因其内容和功能不同，因而其供给的着力点也不同。基本民生性服务的供给重在确保广覆盖性、可及性和易得性；公共事业性服务的供给重在提高人力资本水平和增强民生保障程度；公益基础性服务的供给重在便捷、高效和经济；公共安全性服务的供给重在创造安定团结、和谐稳定的国际国内环境。

第二篇

农业生产性服务业发展与中小企业融资、技术创新绩效

第四章　农业生产性服务业发展的主要模式及其经济效应

农业生产性服务业是指贯穿于农业生产的产前、产中和产后环节，为农业生产、农业生产者和其他经济组织提供中间投入服务的产业。以中间投入品为主、涉及知识和资本的交换、提供定制化的服务是农业生产性服务业的主要特征（程大中，2006）。当前，发展面向农业的生产性服务业是农业、农村经济新的增长点，是现代农业发展的重要支撑（郝爱民，2011），越来越成为以工促农的产业路径（潘锦云，2009）和建立新型工农关系、城乡关系的重要桥梁和纽带（姜长云，2010）。农业生产性服务业发挥好上述作用的关键还在于探索和发展因地制宜、适应农业生产一般或特殊需求的具体实现模式，通过适宜的服务模式推动农业专业化分工深化、农业产业链和价值链向“微笑曲线”两头延伸，提高农业生产率和农业经济增长率。

近年来，河南省面向推进农业产业化、发展现代农业和转变农业发展方式的需求，积极发展为农林牧渔业发展的生产性服务业，基本上培育形成了以政府公共服务机构为依托，以农村合作经济组织为基础，以农业产业化龙头企业为骨干，以农产品市场为重要平台，其他社会力量为补充，以民营服务企业为有生力量的多层次多类型的农业生产性服务业发展模式。而且，在河南省加快建设中原经济区的过程中，为了不牺牲粮食生产、不牺牲农业和不牺牲环境的“三个不牺牲目标”的实现，发展农业生产性服务业的需求正在显著增强，其重要性和紧迫性也正在进一步凸显。本章基于2011年对河南省现代农业发展的专项调研和会议座谈，系统归纳和分析农业生产性服务业的发展模式及其经济效应。

第一节　政府主导的公共农业生产性服务模式及其经济效应

公益性农业生产性服务，按其供给主体及是否使用了公共权力和公共资源，可分为公共服务和一般公益型服务（姜长云，2010）。涉农政府机构和部门的多功能性、农业技术推广等服务的公共产品属性和外部性，以及农产品的社会属性等决定了涉农政府部门和站所在农业生产性服务中具有无法取代的重要地位。因此，公共农业生产性服务通常是由政府主导，具有服务多样、专业性强的特点。河南省所建立的政府主导型公共农业生产性服务模式有以下几种。

一　依托政府部门和涉农站所，开展面向农业产业链的公共服务

河南省各级地方政府中的涉农政府部门和涉农站所是农业

技术推广体系中最主要的组成部分，也是目前规模最大、覆盖面最广的由政府支持建设的科技服务体系，尤其是涉农站所是利用公共财政为农业生产提供公共服务的重要组织。各级农技推广中心、种子站、林业站、林科所、农科所、森防站、植保站、土肥站、植检站、农机站、畜牧兽医站等都属于这一系统。植保站按照“绿色植保、公共植保”的方针，为农业生产提供病虫害预测预报、植物检疫、病虫害鼠害防治技术指导和服务、良好农业操作规范等配套生产性服务。依托种子站为农户提供农产品重点品种选育服务、农作物新品种示范推广服务，引导企业加强大田良种繁育基地建设。依托土肥站，可以为农业生产提供测土配方施肥及相关信息服务。依托农产品质量检测站，形成对农产品、畜产品和水产品生产、储运、销售及产地环境等从田间到餐桌的全面监控体系。

二　结合惠农政策和财政支农项目，加强公共农业生产性服务体系建设

近年来，河南省各地积极探索建立了“县农技推广中心——乡（镇）农技综合服务站——村农技服务组或者科技示范户”的基层农技推广组织体系和“专家组＋农技人员＋科技示范户＋辐射带动户”的农技服务模式。组织实施农村致富带头人培训工作、农业科技特派员包村工作和农民科技书屋建设；积极开展灵活多样的适用技术培训，引导广大科技人员深入基层为农民提供及时、便捷、高效的农技服务。已经基本形成了“市有中心、县有平台、乡有信息站、村有信息员”较为完善的公共农业信息服务体系。农村公共气象服务体系和农村气象

灾害防御体系[①]也日益健全，不断创新农业气象信息服务模式。例如，河南省各级气象部门与邮政部门合作，积极探索气象信息服务“邮政模式”；与供销社系统合作，利用其遍布乡村的供销网点，形成“农村超市模式”；与公安部门合作，利用其遍布每个乡村的治安哨亭和巡防队员，发展兼职气象信息员，形成“治安哨亭模式”；与安监局、农机局合作发展了大量气象信息员。目前，河南省共建立806个农村气象信息服务站，气象信息员达4.3万余人。

三　积极打造各类农业生产性服务公共服务平台

通过建立农业科技示范园和示范推广基地，形成农业科技、发展方式的示范平台，积极打造各类农业生产性服务公共服务平台，探索促进技术、资源集聚和共享的有效方式。通过示范平台和公共服务平台为农户提供农业生产性服务，具有多重功效：一是促进农业生产性服务业的聚集发展、规模发展，增强农业生产性服务业的系统性功能；二是凝聚、引导和激发农户对农业生产性服务的需求，促进农户对农业生产性服务的隐蔽需求向显性需求、潜在需求向实际需求的转化和有效需求的满足；三是更好地满足农户对农业生产性服务的差异化、多样化和高端化需求；四是提高农户对农业生产性服务的资源和信息共享水平，降低农户享受农业生产性服务的成本。

① 2010年“中央一号文件”《中共中央、国务院关于加大统筹城乡发展力度，进一步夯实农业农村发展基础的若干意见》明确提出，“健全农业气象服务体系和农村气象灾害防御体系，充分发挥气象服务‘三农’的重要作用”。

第二节　农民专业合作社引领的内在扩张模式及其经济效应

截至 2010 年年底，河南省的农民专业合作社已达 26596 家，入社成员总数达到 20.5 万人，并且涌现出一批发展规范、产品已取得相关认证、经营情况较好的示范社，目前省级示范社已达 445 家。其中，截至 2011 年 6 月底，河南省经工商部门注册的农机专业合作社达 3828 家，入社农户 4.1 多万户，服务农户 430 多万户。可见，河南省农民专业合作社的发展速度较快，发展质量不断提升。更为重要的是，河南省农民专业合作社涉及的生产经营范围不断拓宽，为入社农户提供的服务层次逐步提高。农民合作经济组织的加快和规范发展，整合和聚集了有限的农村生产性服务资源，改善和优化了面向农业产业链的生产性服务体系，逐步形成农业生产性服务业的内在扩张能力，日益成为促进农业生产性服务业发展的内在力量和有效组织模式。

一　面向农业产业链构建服务农户的新型生产性服务体系

近年来，为适应市场和农户生产经营需要以及自身发展的需求，河南省农民专业合作社的服务内容已经涵盖农业产业链的多数环节，已经由最初的以生产、技术服务为主，逐步向在农资供应、良种引进和培育、市场供求与经营信息服务、病虫害鼠害防疫防治技术指导和服务、农产品加工、质量标准、品牌包装、基地认证、市场拓展和建立稳定的购销关系等环节延伸，涉及农业产前、产中、产后的各个环节。养殖业专业合作社在农资供应、技术、信息、培训、防疫、产品销售等方面向社员开展统一服务。种植业专业合作社已基本建立集基地布局、优质种苗供应、种植技术和信息、代储代藏、加工和销售等于一体的为农服务体系，积极引导农户转变种植方式和产业化模式。农机专业合作社积极创新服务模式，在开展农机跨区作业、订单作业的基础上，广泛探索土地承包、土地托管、农业生产全程机械化承包、大力发展以农机合作社为经营主体的现代化农场。例如，河南省兰考南马庄生态农产品专业合作社，除了对社员提供统一供种、统一供肥、统一品种、统一防治病虫害、统一加工、统一销售的服务之外，还积极注册了“南马庄”商标，并进行无公害基地的认证，合作社提供的服务层次和服务质量明显提高。

二　加强自身建设，增强提供公益性农业生产性服务的能力

各地政府积极加强对农民合作经济组织的财政和金融、税收优惠等政策支持；引导农民合作经济组织在民主管理机制、利益联结机制和自律机制等方面加强规范建设；按照试点示范、典型引路的原则，引导合作社加强自身建设；还积极组织农民专业合作社参加农产品展示交易会，或与大型连锁超市合作。在政府的扶持和引导下，有些农民专业合作社专门成立了技术服务部、化验室等，并配套相关服务设施，为社员提供无偿技术服务和信息服务等生产性服务；有些农民专业合作社专门聘请职业总经理和高层次技术人员，帮助和指导社员科学决策和

种植经营。还有很多合作社聘请科研院所的专家和相关职能部门的工作人员定期为入社成员讲解生产技术、法律法规和党的方针政策，使得入社成员的综合素质逐步提高。

三　与不同利益相关者合力提供农业生产性服务的格局日趋鲜明

近年来，河南各地成立的农民合作社联盟以及尝试推行的“农业科研院所或者高等院校—农民专业合作社—农户”的服务模式，就是一种各地市农业科研院所或者高等院校与农民专业合作社合力为农户提供农技推广等生产性服务的有效服务格局。这种服务模式强调在各地市的农民专业合作社之间、农民专业合作社与农业科研院所或者高等院校之间建立密切合作关系，在科研人员、农民专业合作社和农户之间建立伙伴关系，探索科研、教育培训和推广相结合的服务创新机制。例如，2010 年 9 月，由郑州市、濮阳市、南阳市、新乡市、安阳市、开封市的 20 多家农民专业合作社组成的河南省高科种植农民专业合作社联盟，就把松散的、分布在各地市的农民专业合作社组织起来，进行资源整合，抱团经营，联合发展，以河南百万亩小麦高产高效示范创建为主线，把良种、良肥、良法进行配套和资源整合，联合依托河南科学院、河南农科院、河南农业大学等全国知名公司和科研院所的农资资源，遴选市场上最好的种子、肥料、农药等农资产品，直接送到农民手中，统一向农民提供各种农作物的产前、产中、产后的系列化服务；统一安排现代农业项目的开发和生产，分地实施。这种合力提供农业生产性服务的模式，一方面，能有效降低农技推广等生产性服务的成本，提高服务效率，增强服务效果；另一方面，能增强基本农民专业合作社抵御各种市场风险的能力，拓展了农业增效、农民种粮增收的空间。

可见，从河南省农民专业合作社的发展和为农服务实践来看，以其为载体开展农业生产性服务具有农业公共服务部门和市场化部门所没有的独特优势，可以有效弥补农业公共服务体系和市场化服务体系的不足，形成农业职能部门公共服务、涉农企业市场化服务和农民专业合作社自我服务相互补充、相辅相成的较为完善的农业生产社会化服务体系，这将促进现代农业较好较快发展。

第三节　农业产业化龙头企业的外部拉动模式及其经济效应

近几年来，随着河南省农业产业化经营的深入推进，农业产业化龙头企业服务农户的联结模式不断创新，逐步形成市场牵龙头、龙头带基地（农民合作经济组织）、基地带农户的农业组织形式和经营机制。截至2009年年底，河南省农产品加工企业已发展到3万多家，其中，规模以上农业产业化龙头企业达6000多家，省级以上重点龙头企业601家，年销售收入超亿元企业500多家，年销售额30亿元以上的有10家。当前，农业产业化龙头企业对农业生产性服务业发展的外部拉动和植入效应日益显现，成为河南省新型农业生产性服务体系中的骨干力量。

一　“企业+基地+农户”的生产性服务提供模式

龙头企业通过农产品基地建设为农户提供生产性服务，与农户结成利益互惠的共同体。龙头企业利用其雄厚的资本、技术和研发能力，为基地农户提供优质生产资料、信息和资金技术等服务，农户按照公司的生产计划和技术规范进行生产，农产品由公司按照合同价格收购销售。

二　“企业+农民合作经济组织+基地+农户”的生产性服务提供模式

在河南省的实践中主要有两种方式：一是由农民自己成立的农民合作经济组织通过与龙头企业达成一致来为基地农户提供生产性服务；二是农户分工生产农产品，龙头企业分工加工和销售农产品，农民合作经济组织充当中介，为农户提供产前和产中的农资采购、技术培训等服务，为龙头企业提供收购、粗加工和运输等服务。这两种方式均有利于在龙头企业、农民合作经济组织和农户三者之间形成有效的纵向产业协作关系，它们在协作中也能彼此受益：一是通过农民合作经济组织，龙头企业可降低生产性服务的成本，从而提高对农户的服务效率；二是通过农民合作经济组织，龙头企业可以形成覆盖范围更广的层次化的生产性服务网络；三是依靠农民合作经济组织，可有效实现农户农业生产性服务需求与龙头企业服务供给的对接，使农户和龙头企业拥有的要素优势互补，并有利于平衡农户与企业利益；四是通过农民合作经济组织的信任机制，可降低农户和龙头企业的交易成本、经营风险和市场风险。

三　“企业+农业园区（食品工业园）+农户”的生产性服务提供模式

由龙头企业兴建的农业园区（食品工业园）是一种带动地方经济发展的集研究、示范、生产、推广、加工、销售等于一体的新型农业组织形式。通过农业园区，龙头企业为农户提供产前、产中、产后的全过程综合配套服务，把千家万户联结起来，纳入专业化生产和规模经营的生产模式；推进知识、技术、信息等先进生产要素在农业产业链上的有效应用，并适时向研发创新、品牌建设、商业模式等关键服务环节延展，推动农业产业链向“微笑曲线”的两端攀升。依托农业园区，龙头企业还能有效整合各方服务资源，聚集和瞄准农户生产性服务需求，构建区域农业生产性服务体系，产生服务业的聚集效应：一是促进农业生产性服务业的聚集发展和结构升级；二是更好地发挥农业生产性服务尤其是高端服务对区域农业产业结构升级和农业发展方式转变的示范、带动作用；三是更好地增强龙头企业的产业关联性和本地根植性；四是搭建农业生产与全球农业产业链、农产品价值链升级深度融合的通道。

第四节　市场带动与新型农业服务组织模式及其经济效应

一　加强农产品市场建设，构建农业生产性服务业平台

这种模式主要是以农产品专业批发市场为纽带，带动地方主导产业，并通过合同契约与农户、农民大户及农民合作经济

组织构筑稳定的经济关系，为农户提供产销一条龙经营的服务模式。农产品专业批发市场因具有强大的市场凝聚力，可以发挥市场在价格形成、信息交换、产业带动、物流集中等方面的服务功能，并能获得服务的规模经济效应。例如，建立了我国第一个全国性、规范性的郑州粮食批发市场，创建了我国粮食批发市场、期货市场和粮食电子商务的基本运行模式和粮食流通中期货、现货相结合的“郑州模式”和“郑州价格”。当前，“郑州价格”赢得了我国粮食市场价格“风向标”“晴雨表”的美誉。

二　农超对接

自 2007 年年底国家开展农超对接试点工作以来，各大超市不断创新与农户的联结方式，利用自身在市场信息、管理等方面的优势参与农业生产、加工、流通的全过程，为农户提供技术、信息咨询、物流配送、产品销售等一整套生产性服务。目前，随着商务部、农业部及地方各级政府的积极扶持和大力推进，河南省在实践中农超对接模式主要有两种：一是家乐福超市的“超市 + 农民专业合作社 + 农户”模式；二是麦德龙超市和沃尔玛超市的“超市 + 超市自有或者第三方农业公司 + 基地农民或者（农民 + 农民合作经济组织）”模式。

农超对接作为一种新型农业生产性服务业发展模式，是对河南省传统农产品生产模式和流通模式的突破和创新，有着多重经济效应：一是促进农产品产销两个终端的顺畅对接、超市产业链的延伸和农产品供应链的整合；二是加强对农产品生产、加工、流通的全程监管，实现农产品的可追溯性，有效保障农产品（食品）安全，从而能让消费者购买到新鲜、安全、可口、实惠的农产品；三是减少农产品的中间流通环节，降低采购成本、流通成本和交易成本；四是农民收入依靠稳定的销售渠道能得到直接的有效提高，共享农产品价值链利润；五是鼓励和引导农户的标准化和规模化生产，为农户提供环保种植方法，促进资源节约型和环境友好型农业的发展；六是为城市中知识、技术、人才、管理等先进要素下乡为农服务提供顺畅通道，促进城乡要素市场的有效对接、城市要素市场对农村要素市场的带动作用以及涉农要素的结构升级。

三　新型农业服务公司提供专业化的生产经营服务

这是一种在不改变家庭承包制的前提下，将目前的“家庭经营”转变为“企业化经营”，通过企业的市场化运作，实现农业生产的规模化、标准化、规范化，以创新农业生产经营方式和农业生产性服务供给模式。典型案例为河南省项城市汾河湾合作社创造的“陶湾模式”，该合作社大力发展农业委托代理经营服务公司，采取“农户＋农业经营服务公司＋龙头企业”的农业产业化模式，为农户提供统一良种、统一施肥、统一浇水、统一除病虫害、统一深耕细作等农业生产服务。这种新型农业经营服务公司搭建了农户与龙头企业有效对接的平台和桥梁，具有四方面的服务功能：（1）为农户提供农资、农田设施、农技服务；（2）根据农民自愿，集中收购农户粮食，以企业的身份参与市场竞争，为农产品加工企业提供原料；（3）批量采购种子、农药、肥料等农业生产资料，给农户提供质优价廉的农业生产资料；（4）以农作物秸秆为原料，发展农村新能源。这种新的模式重塑了农户与龙头企业之间的利益联结机制和关系。

第五节 传统服务组织的创新发展模式及其经济效应

近年来，河南省各地都积极鼓励传统服务组织资源（国有粮食企业、邮政部门、供销社等）面向服务需求，增加农业生产性服务供给，创新服务提供方式，并同新兴、市场化的农业生产性服务组织对接，延伸服务能力，形成不同类型农业生产性服务业合力推进现代农业发展的格局。

国有粮食企业中国储备粮管理总公司作为一种重要的传统服务组织资源，日益成为河南省发展农业生产性服务业的重要力量。中储粮在河南辖区已建立“中储粮河南分公司‘三农’服务总社—直属库‘三农’服务中心社—乡村‘三农’服务社”三级为农服务组织架构和服务网络体系。直属库“三农”服务中心社以网点布设、经营管理、服务指导、商品配送为重点；乡村“三农”服务社则以粮食收购、农资供应和配送为重点，并逐步向土地流转和托管、代农储量和农产品加工、农技和农业机械服务、信息服务、订单农业、通过自身的种植试验推广优良品种等延伸，不断拓展服务范围，完善服务功能。截至 2011 年 4 月，中储粮在河南辖区内已经建成乡村“三农”服务社 5000 多家，并注册成立了河南乡恋“三农”服务有限公司，按照“统一店面标识、统一经营范围、统一设备配置、统一管理制度、统一服务规范、统一经济责任”的现代化商业管理模式，为农户和农业生产提供“全天候”服务。

近年来，河南省邮政部门利用自身的网络优势和信誉品牌优势在全省范围内全力打造农村邮政“三农”服务体系。河南省邮政积极推进乡镇邮政物流配送中心和村级“三农”服务站建设，逐步形成邮政物流遍布城乡、覆盖全省的“省——市——县——乡（镇）——村”逐级辐射的邮政连锁配送网络。目前，河南省邮政已在全省农村地区建立1881个农村支局、28463个村邮站①、2300多个“三农”服务网点。这些邮政服务机构为农民提供质优价廉的农资产品和种植技术指导服务。2010年6月，农业部与河南省邮政公司联合开展了“邮政万亩示范方”创建活动，并开创了“连锁经营+配送到户+科技服务+示范推广”的“三农”服务新模式，旨在示范推广科学种植技术和优质高效的农资产品。截至2011年7月，河南邮政已累计建成小麦示范田64.2万亩，万亩玉米示范方达100个。河南省邮政部门还积极推进优质、高端农副产品进城，将通过有关部门认证的绿色、无公害农产品纳入放心农产品大网，从农村直接配送到城市消费者和深加工企业，形成城乡双向邮政物流快车道。

河南省供销社通过发挥组织体系、流通网络和人才队伍等优势积极推进农村现代流通服务网络建设和农业社会化服务体系建设，通过在地市、县设立农资配送中心，在乡镇设立具有配送功能的农资连锁店，在较大的行政村或者小集镇设立村级

① 村邮站是一家集基本邮政业务办理、邮件接转、农资和生活消费品销售、代收代付、农技服务、金融服务、文化服务等多种惠农功能于一体的邮政末端服务网点，也是配送邮政物流商品的网络终端和农业技术指导平台。这些深植全省行政村的村邮站已成为河南省农民生产生活的“便民服务中心”。

综合服务社，逐步形成统一进货、统一标识、统一配送、统一质量、统一价格、统一服务规范的农资连锁经营体系，保证农民用上价格便宜、质量上乘、安全放心的农资。截至2010年年底，河南省供销社系统已发展农村超市、连锁店5.3万个，覆盖了全省80%以上的行政村；建立各类物流配送中心601个，兴办村级综合服务社4.4万个，建立农村社区服务中心2100个。通过供销社，还可以把农资销售与农技咨询服务结合起来。

可见，挖掘传统服务组织的创新服务潜力，是河南省发展农业生产性服务业的重要途径。传统服务组织资源在参与区域农业生产性服务业综合体系建设中，具有三重优势：（1）农村网点多、覆盖面广和比较完善的网络布局优势、渠道优势和规模优势，具有一网多用、双向流通、连接城乡的特点，借此可以更好地贴近农户的生产性服务需求，为农户提供全方位、多层次的综合服务；（2）品牌及其影响力优势，声誉优势，借此一方面可以充分发挥传统组织的品牌功能和价值，另一方面，还容易赢得农民和农业专业大户、农民专业合作社、农业企业等新型农业经营主体的信任，增强相互之间的合作和密切联系，建立“利益共享、风险共担”的稳固关系；（3）相关部门之间的合作优势和相关产业之间的相互支撑优势，借此容易获得其他相关部门的支持，并通过“三农”服务社之类的平台为农产品加工企业提供“保姆式”服务，提高产业间的相互依存度，形成产业协调发展的良性互动。凭借这些优势，通过促进传统服务组织的转型发展和改造来发展农业生产性服务业，可以收到“一举多得”之效：一是消除传统服务组织的运行惰性，并激发其创新服务潜力；二是促进服务供求更好对接，增加农户对农业生产性服务的可得性；三是利用原有渠道和网络，可以降低重新开辟渠道和网络的成本和风险；四是传统服务组织通过实施品牌化运作、网络化管理和规模化物流配送，可以更有效推进城市生产性服务业和公共服务向农村地区延伸，形成一体化的城乡服务链，让广大农民享受到更多的公共服务均等化的阳光。

上述分析表明，当前河南农业生产性服务业的五种主要模式虽然在服务内容上存在一定的同质性，但它们在提供服务的方式、服务功能发挥的完整性程度、农业生产服务提供者与接受者的利益联结以及服务内容本身等诸多方面的差异性也很显著；同时其服务功能互补性特征也正在显现。在农业生产性服务业“现实急需、发展不足”的大背景下，鼓励各种模式的农业生产性服务业的探索和发展，通过政策激励积极引导各种服务向功能互补方向延伸，将有助于更加充分地发挥生产服务业对粮食生产和农产品稳定供给的保障作用。

第五章　中小企业的融资需求与融资制度安排需求指向

第一节　引言

中小企业是农村地区经济与社会发展的主体，具有“一头连市场，一头连农户”的地位和身份特征，是实现“以工促农，以城带乡”统筹城乡发展机制的主要载体。当前，中小企业已成为县域经济尤其是乡村经济中新的活力源、主心骨和中坚力量，在繁荣县域经济和农村市场、转移农村剩余劳动力就业和推动城镇化发展、调整和优化农业和农村产业结构、促进农民增收、推动经济发展方式转变等方面发挥了并正在发挥着重要作用。但长期以来，中小企业的融资难问题一直是困扰其快速健康可持续发展和限制其重要作用发挥的最大瓶颈，特别是其融资难问题在国际金融危机冲击和国家宏观经济调控的大背景下变得更加突出。因此，要促进中小企业创新发展和更好发挥其在经济社会发展中的重要作用，就必须要联合各方力量合力尽快解决其融资难问题，创新农村地区的融资制度安排以提高其融资需求的满足程度和层次，以更好地满足其多元化的融资需求。

美国经济学家帕特里克（Patrick，1966）针对欠发达国家农村地区的金融发展提出了“供给驱动型”和“需求引导型”两种模式，并且认为这两种模式与经济发展的不同阶段相适应，两种模式之间存在一个最优顺序。在经济发展的早期阶段，金融机构及相关金融服务的供给先于经济主体的金融需求，“供给驱动型”金融居于主导地位；但随着经济的增长，经济主体对金融服务产生需求，作为对这种需求的反映，金融机构、金融资产负债以及相关金融服务应运而生，金融体系不断发展，“需求引导型”金融逐渐居于主导地位。纵观我国农村地区的金融改革，基本上走的是一条典型的“供给型驱动”模式，主要是通过自上而下的政府强制性行为从机构调整入手架构农村金融体系，而忽略和漠视农村经济主体对金融资源多层次、多元化的需求和农村金融体系整体功能的发挥。这往往导致人为精心设计的金融供给体系难以真正体现和迎合农村经济主体的融资需求意愿，难以满足农村经济主体的显性融资需求和挖掘其潜在和隐蔽信贷需求，难以建构农村金融与农业和农村经济契合运行和相互促进的联合发展机制，难以达到金融与经济协调发展的目的。

显然，在我国农业和农村经济快速健康发展的现阶段，单纯从增加金融供给角度无法从根本上解决农村经济主体的融资难问题和金融供需失衡问题，而从增加供给和引导需求两方面同时入手，把着力点落脚于农村经济主体的融资需求，以“需求引导型”金融为主导，应是今后我国农村地区金融体系改革和重构的最佳路径选择。因此，研究和分析中小企业的融资问题也就应把逻辑起点落脚于融资需求，这是科学和合理进行中小企业融资制度安排的基本前提。本章以“需求引导型”金融发展模式为理论逻辑起点，基于四个县中小企业的问卷调查数据来分析中小企业的融资途径及其意愿选择偏好、融资需求的特点和层次结构转型、融资需求的满足程度及其所受信贷约束，以及融资需求所折射出来的企业对未来融资制度安排的需求指向，以期为有效解决中小企业的融资难问题和深化农村金融改革提供决策参考。

第二节　中小企业的融资途径及其意愿偏好选择

一般来说，中小企业的资金来源有内源融资、直接融资、间接融资和政府金融支持[①]四种途径，融资方式呈现多元化发展趋势。随着中小企业的不断发展壮大、融资需求的日益增大以及国家宏观调控政策的干预，为中小企业服务的各种新的金融工具、金融产品和金融组织也不断涌现，但银行商业信贷等间接融资仍然是中小企业的第一主要融资途径和第一位融资途径意愿偏好，中小企业融资主要依靠银行商业信贷、内源融资和民间借贷（见表5－1）。有效调查问卷统计结果显示，在中

① 内源融资包括企业自有资金、企业内部职工集资、创业投资、风险投资以及企业开设后积累的资金等来源。间接融资是指以银行、信用社等金融机构为中介的融资，包括各种商业和政策性的短期贷款、中长期贷款等。直接融资是指以股票和债券形式公开向社会募集资金以及通过向租赁公司办理融资租赁的方式融通资金。间接融资和直接融资都是外源融资。政府金融支持是指政府为中小企业发展提供的各种直接金融支持（如设立中小企业技术创新基金、中小企业发展基金等）和间接金融支持（如政府出台的金融政策）。

小企业资金的实际来源和构成上，有77.97%的企业主要依靠银行商业信贷，其中有66.46%的企业作为第一融资途径；虽然有88.59%的企业主要依靠民间借贷，是中小企业的最主要融资途径，但只有16.14%的企业以此为第一融资途径；只有4.77%的企业是依靠发行股票和企业债券，其中只有0.62%的企业以此作为第一融资途径。在当前已经获得银行贷款的中小企业中，有86.82%的企业主要是从商业银行、农村信用社获得商业贷款。在企业融资途径选择的意愿偏好上，银行商业信贷依然是首选，中小企业在回答“当前企业是否准备从银行、信用社等正规金融机构贷款”问题时，有60.11%的企业选择了“是”的答案；企业在回答“今后企业最有可能进一步拓展的三个融资途径”问题时，有85.76%的企业选择了银行商业信贷，其中有64.74%的企业把银行商业信贷作为可进一步拓展的第一融资途径。而对于发行股票和企业债券融资等直接融资途径，选择作为可进一步拓展的第一融资途径的企业不到2%（只有1.28%）。

表5-1　**中小企业当前的主要融资途径和可进一步拓展的融资途径**　（单位:%）

融资途径	企业当前的主要融资途径		可进一步拓展的融资途径	
	第一融资途径	主要融资途径	第一拓展融资途径	主要拓展融资途径
银行商业信贷	66.46	77.97	64.74	85.76
银行政策性贷款	3.73	25.7	10.26	51.30
内源融资	4.97	58.54	13.46	59.91
应付账款	3.11	33.24	3.21	24.76
发行股票和企业债券	0.62	4.77	1.28	15.40
民间借贷	16.14	88.59	3.21	25.14

续表

融资途径	企业当前的主要融资途径		可进一步拓展的融资途径	
	第一融资途径	主要融资途径	第一拓展融资途径	主要拓展融资途径
其他途径	4.97	11.16	3.84	15.14
合计	100.00	—	100.00	—

注：本课题调查中的内源融资主要包括创业投资或者风险投资、其他企业或者个人入股资金、企业内部职工集资；民间借贷主要包括民间一般借贷（不含高利贷）、高利贷和其他单位借款三种途径。

从中小企业所能得到的政府金融支持惠及面来看，政府金融支持中小企业的惠及面较小、得益率较低。有效调查问卷统计结果显示，在2008年9月以前，只有34.78%的企业享受到了政府的优惠贷款（含贴息、政府担保贷款等）和财政资金支持，而在2008年9月以后，这一比例呈下降趋势，快速下降到了21.74%。这一现象反映了在国际金融危机影响和国家宏观政策调控的背景下，虽然国家加大了对中小企业的金融支持力度，但同时，在这种背景下，资金是市场上的一种非常紧缺的资源，也是各类企业都急需且需求大幅增加的生产要素。在这样的一种形势下，中小企业由于自身的“弱势地位、竞争力低下和低话语权”，再加之政府政策和商业银行的“大企业偏好”倾向，往往会导致中小企业被首先“调控出局”，从政府的金融支持政策中得益有限。政府财政扶持政策、贷款担保政策、利率优惠政策的利好，并没有踏踏实实惠及普遍性的中小企业，尤其是中小企业发展基金和科技创新基金更是难以惠及更多中小企业。

可见，我国中小企业融资表现出较高程度的银行商业信贷依赖和强烈的银行商业信贷意愿偏好，缺乏外部股权融资途径和政府强有力的金融支持，中小企业融资面临着错综复杂的融资途径结构性矛盾①。这主要表现在：（1）直接融资与间接融资的结构性矛盾，直接融资不足1%（0.62%），间接融资比例高达99%多。（2）债务性融资与权益性融资的结构性矛盾，权益性融资不足6%（5.57%），债务性融资比例高达94.43%。（3）正规信贷融资与非正规信贷融资的结构性矛盾。（4）银行商业信贷融资与银行政策性贷款融资的结构性矛盾。（5）市场化服务融资与政府金融支持的结构性矛盾。而这种过度集中的实际融资途径选择和融资意愿偏好将会进一步加剧中小企业的融资困境和融资途径结构性矛盾。其主要原因有：（1）严重依赖于银行商业信贷，会增加企业融资的借款成本，恶化其财务状况，同时也会加剧其资本结构的失衡。（2）严重依赖于银行商业信贷，会导致中小企业直接融资功能的弱化，造成其对国有商业银行和信用社等金融机构融资的长期依赖，形成路径依赖。（3）近年来的银行业市场化改革，使国有商业银行、农信社等金融机构的网点陆续从县域撤并，从业人员精减②；部分农村地区金融机构也逐渐将信贷业务转向城市，县域金融资源严重外溢；再加之新型农村金融机构数量严重不足，这些都致使基层金融机构的信贷机制萎缩，能够为中小企业提供融资服

---

① 主要以企业当前主要融资途径中的第一融资途径来分析。

② 2007年年末，全国县域金融机构的网点数为12.4万个，比2004年减少9811个。县域四家大型商业银行机构的网点数为2.6万个，比2004年减少6743个；金融从业人员43.8万人，比2004年减少3.8万人。县域农村信用社网点数为5.2万个，比2004年减少9087个。数据来源：中国人民银行农村金融服务研究小组：《中国农村金融服务报告》，中国金融出版社，2008年9月。

务的金融机构网点、从业人员和信贷资源都严重不足，部分农村还出现了金融服务空白①，严重恶化了中小企业的金融服务环境和融资环境。这实际上反映了中小企业融资存在着这样一种金融组织机构的结构性矛盾：作为金融资源最大拥有者的国有商业银行的“退出”压力与中小金融机构数量严重不足、金融资源短缺的矛盾。

第三节　中小企业的融资需求分析

一　中小企业对信贷资金尤其是正规信贷资金有较大需求

中小企业对信贷资金尤其是正规信贷资金普遍存在需求，并且具有较大的企业规模差异性和地区差异性（见表5－2）。有效调查问卷统计结果显示，有60.54%的中小企业近期需要借款，且有61.61%的企业需要一至三年期的借款，有36.61%的企业需要超过三年期的借款。有60.11%的企业计划从正规金融机构借款，且有68.22%的企业需要超过一年期的正规信贷。可见，大多数中小企业迫切需要中长期借款，尤其是中长期的正规信贷。从企业规模来看，小型企业的信贷资金需求更为突出。近期有63.64%的小型企业需要借款，这比中型企业所占比重（54.69%）高8.95个百分点。小型企业对各种期限类型的借款均有较大需求，尤其是三年期以下的借款。有

① 据银监会统计，截至2009年年末，全国共核准172家新型农村金融机构开业，其中，村镇银行148家，贷款公司8家，农村资金互助社16家。截至2009年6月末，全国仍有2945个乡镇没有银行业金融机构营业网点，分布在27个省（区、市），其中西部地区占80.37%；其中有708个乡镇没有任何金融服务，分布在20个省（区、市）。数据来源：http：//www.cbrc.gov.cn，2009年10月20日、2010年2月26日。

61.02%的小型企业计划从正规金融机构借款，这比中型企业所占比重（58.33%）高2.69个百分点；同时，小型企业特别希望能从正规金融机构获得一年期以上的正规信贷。从企业区位来看，地处中部地区和西部地区的中小企业的信贷需求更为突出。有效问卷调查统计结果显示，中部地区安徽M县和西部地区四川N县均有超过70%的中小企业近期需要借款，分别达76.92%和73.17%，均高于东部地区的广东E市F区中小企业所占比重（42.62%）、山东H市中小企业所占比重（58.70%）以及样本总体中小企业所占比重（60.54%）。中部地区安徽M县和西部地区四川N县分别有71.43%和74.36%的中小企业计划从正规金融机构获得正规信贷，这一比重也显著高于东部地区中小企业所占比重。

表5－2　**中小企业的信贷需求状况**　（单位:%）

企业比重	企业规模		企业区位				样本总体
	中型企业	小型企业	广东E市F区	山东H市	安徽M县	四川N县	
近期需借款的企业比重	54.69	63.64	42.62	58.70	76.92	73.17	60.54
需不足一年期借款企业比重	39.06	52.89	16.67	50.00	74.36	67.50	43.75
需一至三年期借款企业比重	45.31	51.24	23.33	43.48	74.36	70.00	61.61
需超过三年期借款企业比重	42.18	49.59	20.00	41.31	74.36	67.50	36.61
计划从正规金融机构借款的企业比重	58.33	61.02	44.83	57.78	71.43	74.36	60.11
需不足一年期借款企业比重	41.67	55.93	24.56	51.11	68.42	73.68	52.34
需超过一年期借款企业比重	46.67	53.39	28.07	48.89	65.79	73.68	68.22

二　企业融资需求向综合性金融需求扩展

中小企业在融资需求内容上，除传统的存贷款业务外，还对保险、风险规避、理财等其他金融服务有不同程度的需求。中小企业的融资需求由单纯的信贷需求向综合性的金融服务需求演变。中小企业在调查问题“除传统的存贷款业务外，企业今后最迫切需要哪三类金融服务”的回答中，有70.69%的企业迫切需要汇兑业务服务，有76.39%的企业迫切需要结算业务服务，有59.97%的企业迫切需要保险业务服务，有22.58%的企业迫切需要期货业务服务，还有18.13%的企业迫切需要证券业务服务。同时，中小企业在复杂多变的国内外经济金融形势下，还对投资理财、保理业务[①]、综合授信、金融租赁、信用担保贷款、能规避各种风险（如汇率风险、出口信用风险、市场价格风险、利率风险等）的金融新产品和工具等产生了需求，也迫切需要政府引导金融机构加快金融产品创新。167份有效调查问卷统计结果显示，有59.28%的企业认为政府引导金融机构加快金融产品创新“重要”和“比较重要”，只有8.98%的企业认为“较不重要”和“不重要”，前者所占比重比后者高50.3个百分点。这些新金融产品和工具不仅能增加金融机构的收入和利润，更重要的是能在一定程度上解决中小企业贷款难的问题。例如，在当前中小企业应收账款增加（杜志雄、肖卫东，2010），“三角债”问题迅速扩大（姜长云，2009）的情况下，通过商业银行的保理业务不仅能盘活企业的应收账款，而且还能帮助企业及时有效地催收欠款和规避收款风险，缓解企业的资金压力和融资难问题。

① 保理业务是指商业银行等保理商通过对应收账款进行核准和购买，向卖方在基于买方信用条件下，提供短期并可循环使用的贸易融资、账款催收、坏账担保、账户管理、贴现融资等一系列综合性的金融服务。

三　企业融资需求呈现一种层次性的结构变化

从表5－3中可以看出，虽然中小企业从正规金融机构获得的贷款主要用于流动资金，以维持企业正常的资金周转和正常营运。但从当前主要用途与过去三年主要用途的比较来看，中小企业的融资需求已由营运性资金需求向发展性资金需求①转变，对发展性资金有较大需求的企业越来越多。有效调查问卷统计结果显示，从正规金融机构获得贷款用于流动资金和还清企业债务的企业所占比重均呈下降趋势，过去三年分别有87.84%和13.18%的企业把获得的贷款用于流动资金和还清企业债务，而在当前，这一比重分别下降到84.81%和7.23%；从正规金融机构获得贷款用于技术研发和产品创新、购买企业股份和经营权的企业所占比重均呈上升趋势，尤其是用于技术创新的企业所占比重呈快速上升趋势。有效调查问卷统计结果显示，过去三年只有不到一半（41.66%）的企业会把从正规金融机构获得的贷款用于技术研发和产品创新，尤其是只有0.57%的企业会把获得的贷款用于技术研发和产品创新作为第一主要用途，而在当前，这一比重分别快速上升到52.38%和2.93%。这表明，当前中小企业已更加注重技术创新和产品创新，并迫切需要研究开发和引进新产品和新工艺。198份有效调查问卷显示，有79.29%的企业在今后两年内有研究开发、引进新产品和新工艺的打算。中小企业的技术创新会面临许多

① 营运性资金需求主要是指用于维持正常流动资金周转、规划企业债务的资金需求；发展性资金需求主要是指用于购置固定资产、技术改造或者技术引进、技术研发和产品创新、购买企业股份或者经营权等方面的资金需求。

障碍，其中最主要的一个障碍就是缺乏资金。调查问卷统计结果表明，有63.22%的企业认为缺乏资金是技术创新的最主要障碍，其中有49.02%认为是第一障碍因素。还需关注的一个现象是，当前中小企业技术创新的资金来源是自筹资金。157份有效调查问卷统计显示，有80.25%的企业的技术创新资金来源于自筹途径，银行商业贷款和政策性贷款、风险投资基金、政府的财政补贴和支持奖励等给予中小企业技术创新的资金支持严重不足，中小企业技术创新的融资途径过于狭窄。

表5-3　**中小企业从正规金融机构获得贷款的主要用途**　（单位:%）

贷款用途	过去三年获得贷款的主要用途		当前获得贷款的主要用途	
	第一主要用途	主要用途	第一主要用途	主要用途
用于流动资金	31.25	87.84	35.09	84.81
用于固定资产投资	47.73	64.01	34.50	56.17
用于技术改造或技术引进	3.98	74.52	8.19	72.91
用于技术研发和产品创新	0.57	41.66	2.93	52.38
用于购买企业股份或经营权	0	1.16	0	3.05
用于还清企业债务	0	13.18	0	7.23
其他用途	3.98	5.14	2.92	5.97
没有贷款	12.40	12.40	16.37	17.48
合计	100.00	—	100.00	—

四　处于成长阶段、产品结构调整或产业升级阶段的企业融资需求更为突出

融资需求贯穿于中小企业发展的整个生命周期，并且在企业生命周期的各个发展阶段上，其融资需求特点和需求程度存

在显著差异。但相对于企业生命周期的其他发展阶段来看，处于成长阶段、产品结构调整或者产业升级阶段的中小企业的融资需求更为突出，尤其是从外源筹集发展性信贷资金的需求较大，需求程度较高（见表5－4）。有效调查问卷统计结果显示，在中小企业生命周期的四个发展阶段上，处于成长阶段的中小企业，有67.11%的企业近期迫切需要借款，有64.00%的企业计划从正规金融机构借款，这两个比重均高于处于其他三个发展阶段企业所占比重。处于产品结构调整或者产业升级的中小企业，有67.33%的企业近期迫切需要借款，有65.26%的企业计划从正规金融机构借款，均明显高于不处于产品结构调整或者产业升级的中小企业所占比重。从中小企业在调查问题“贵企业认为金融服务最需要支持企业发展的哪个阶段”的回答中也可以印证上述结论，191份有效调查问卷统计结果显示，有69.64%的企业认为最需要支持成长阶段、产品结构调整或者产业升级阶段。

表5－4　　**中小企业不同发展阶段的融资需求状况**　　（单位：%）

<table>
<tr><th colspan="2" rowspan="2">企业发展阶段</th><th colspan="2">近期是否需要借款</th><th colspan="2">是否计划从正规金融机构借款</th></tr>
<tr><th>需要借款</th><th>不需要借款</th><th>计划借款</th><th>不计划借款</th></tr>
<tr><td rowspan="4">企业发展阶段</td><td>起步</td><td>44.00</td><td>56.00</td><td>52.17</td><td>47.83</td></tr>
<tr><td>成长</td><td>67.11</td><td>32.89</td><td>64.00</td><td>36.00</td></tr>
<tr><td>稳定运行</td><td>52.78</td><td>47.22</td><td>56.67</td><td>43.33</td></tr>
<tr><td>业务萎缩</td><td>58.33</td><td>41.67</td><td>60.00</td><td>40.00</td></tr>
<tr><td rowspan="2">企业是否处于产品结构调整或产业升级阶段</td><td>处于</td><td>67.33</td><td>32.67</td><td>65.26</td><td>34.74</td></tr>
<tr><td>不处于</td><td>54.41</td><td>45.59</td><td>52.94</td><td>47.06</td></tr>
</table>

五　企业对政府金融支持有较大需求，抱有较高期待

政府金融支持是中小企业融资的一个重要途径，政府的资金支持是中小企业资金来源的一个重要组成部分。中小企业的快速健康可持续发展以及融资难问题的解决，离不开政府的金融支持。因此，作为一种非常重要的融资途径，中小企业对政府的金融支持有较大需求，尤其是在市场融资服务满足不了其需求以及国内外宏观经济金融日益复杂多变的形势下，中小企业对政府金融的强有力支持抱有较高期待。有效调查问卷统计结果显示，有60.00%的企业“强烈”和“很强烈”需要政府提供的金融服务需求，有59.09%的企业“强烈”和“很强烈”需要市场提供的融资服务需求，显然，前者所占比重稍高于后者所占比重；只有10.25%的企业对政府金融支持的需求迫切程度表现为“较弱或没有需求”和“较不强烈”，有13.13%的企业对市场提供融资服务的需求迫切程度表现为“较弱或没有需求”和“较不强烈”，显然，前者所占比重低于后者所占比重。可见，总体上来看，中小企业对政府金融支持的需求迫切程度要稍强于对市场融资服务的需求迫切程度（见表5－5）。同时，在与一些中小企业的座谈中，绝大多数企业都表达了“需要政府加大对企业的金融支持力度”的迫切要求，期待政府能出台一些政策来缓解和解决企业的融资难问题。

表5-5 **中小企业对政府和市场提供金融服务需求的迫切程度**

企业对金融服务需求的迫切程度	政府金融支持服务需求		市场融资服务需求	
	企业数（家）	所占比重（%）	企业数（家）	所占比重（%）
较弱或没有需求	12	6.15	18	9.09
较不强烈	8	4.10	8	4.04
一般	58	29.74	55	27.78
强烈	69	35.38	67	33.84
很强烈	48	24.62	50	25.25
合计	195	100.00	198	100.00

第四节 中小企业融资需求的满足程度

考量和评价中小企业融资需求不仅要分析融资需求的特征、新变化和新趋势、用途，还要深入分析融资需求的满足程度及其所受约束。中小企业融资之所以受到普遍关注，一个重要原因就是其融资需求的满足程度不高，遭受着多方面的信贷约束，尤其是正规信贷约束。

一 企业正规信贷需求的满足程度明显提高，但仍难以得到完全满足

总体来看，在国际金融危机及其宏观经济金融形势复杂的背景下，中小企业的正规信贷需求度①明显增加，正规信贷需求的满足程度及其满足层次也明显提高。主要表现为与一年前相比，当期需要正规信贷的中小企业所占比重呈上升趋势；正

① 正规信贷需求度是指有正规信贷需求的农村中小企业数量占样本农村中小企业数量的比重。

规信贷需求满足比例低于30%的企业所占比重呈下降趋势，正规信贷需求满足比例高于30%的企业所占比重呈上升趋势；在正规信贷需求满足比例50%以上（包括50%—70%、70%—90%和90%以上）的层次上，随着层次的提高，能够得到满足的中小企业所占比重呈上升趋势（见表5－6）。有效调查问卷统计结果显示，需要从正规金融机构融资的企业所占比重由一年前的72.94%上升到当前的78.36%，上升了5.42个百分点；正规信贷需求满足比例低于30%的企业所占比重由一年前的33.87%下降到当前的23.88%，下降了10个百分点；正规信贷需求满足比例高于30%的企业所占比重由一年前的66.13%上升到当前的76.12%，上升了近10个百分点；在当前，在正规信贷需求满足比例50%以上的层次上，满足比例在50%—70%的企业所占比重为15.67%，而满足比例在90%以上的企业所占比重为24.63%，增加了8.96个百分点。需要指出的是，尽管中小企业正规信贷的满足程度明显得到提高，但大部分企业仍不能得到较高比例的满足和足额满足，正规信贷需求满足比例在90%以上的企业仅占24.63%，在70%以上企业仅占44.03%。

表5－6　**中小企业正规信贷需求的满足程度**

企业类型和地区		需要正规信贷企业所占比重（%）	在不同满足比例层次上的企业所占比重（%）					
			10%以下	10%—30%	30%—50%	50%—70%	70%—90%	90%以上
样本总体	当前	78.36	13.43	10.45	16.42	15.67	19.40	24.63
	一年前	72.94	18.55	15.32	15.32	12.91	15.32	22.58

续表

企业类型和地区		需要正规信贷企业所占比重（%）	在不同满足比例层次上的企业所占比重（%）					
			10%以下	10%—30%	30%—50%	50%—70%	70%—90%	90%以上
中型企业	当前	79.31	10.87	6.52	19.57	17.39	15.22	30.43
	一年前	76.36	16.67	19.05	14.29	11.90	9.52	28.57
小型企业	当前	77.19	14.77	13.64	14.77	13.64	21.59	21.59
	一年前	71.30	19.51	13.41	15.87	13.41	18.29	19.51
广东E市F区	当前	67.92	13.89	5.56	16.67	19.44	11.11	33.33
	一年前	67.31	8.57	11.43	20.00	8.57	17.14	34.29
山东H市	当前	84.44	5.26	7.89	10.53	18.42	26.32	31.58
	一年前	86.36	10.53	13.16	7.89	15.79	21.05	31.58
安徽M县	当前	85.29	34.48	13.79	6.90	3.45	24.14	17.24
	一年前	80.00	42.86	17.86	10.71	7.15	10.71	10.71
四川N县	当前	76.19	3.13	15.63	34.39	18.75	15.63	12.47
	一年前	56.10	17.39	21.74	26.09	21.74	8.70	4.34

二　企业正规信贷需求满足程度具有企业规模差异性和地区差异性

中型企业和小型企业正规信贷需求的满足程度具有较大的差异性（见表5-6）。有效调查问卷统计结果显示，与一年前相比，中型企业和小型企业当前的正规信贷需求度明显增加，但小型企业的增加幅度更为明显，增加了5.89个百分点。这也从另一角度印证了上述分析中得出的“小型企业的正规信贷需求更为突出”结论。与一年前相比，中型企业和小型企业当前正规信贷需求满足程度的变化趋势与样本总体的变化趋势基本一致，但两者变动幅度差异较大，中型企业正规信贷需求满足比例低于30%的企业所占比重减少幅度和高于30%的企业所占比重增加幅度均较大，而小型企业的减少幅度和增加幅度均较小。从中型企业和小型企业正规信贷需求当前满足程度的比较来看，在正规信贷需求满足比例30%以下的层次上，能够得到满足的小型企业所占比重要高于中型企业所占比重，而在正规信贷需求满足比例30%以上的层次上（除70%—90%的层次），能够得到满足的中型企业所占比重要高于小型企业所占比重。这表明，中型企业正规信贷需求的满足程度高于小型企业，满足层次也高于小型企业。

另外，不同地区中小企业的正规信贷需求满足程度也具有较大差异性（见表5－6）。有效调查问卷统计结果显示，与一年前相比，地处中部地区安徽M县和西部地区四川N县的中小企业当前的正规信贷需求度明显增加，尤以四川N县的增加幅度更为显著，增加了20.09个百分点；而地处东部地区广东E市F区和山东H市的中小企业当前的正规信贷需求度则基本保持不变甚至呈下降趋势。这也从另一角度印证了上述分析中得出的“地处中部地区和西部地区的中小企业对正规信贷的需求更为突出”结论。从四个县（区）正规信贷需求在不同满足比例层次上能够得到满足的企业所占比重变动趋势来看，与一年前相比，呈现出不同的变动趋势，具体表现在：在广东E市F区，所占比重呈波动变化趋势，时而上升，时而下降；在山东H市，则呈现出了与样本总体相同的变动趋势；而在安徽M县和四川N县，正规信贷需求满足比例低于70%的企业所占比重呈下降趋势，满足比例高于70%的企业所占比重呈上升趋势，且变动幅度均较大。从四个县（区）正规信贷需求当前满足程度的比较来看，相对于地处中部地区和西部地区的中小企业来说，地处东部地区的中小企业的正规信贷需求满足程度较高，满足层次也较高。在广东E市F区和山东省H市，正规信贷需求满足比例在70%以上的企业所占比重分别为44.44%和57.90%，均高于安徽M县和四川N县的企业所占比重（分别为41.38%和28.10%）；在广东E市F区和山东省H市，满足比例在90%以上的企业所占比重分别为33.33%和31.58%，而在安徽M县和四川N县，该比重分别仅为17.24%和12.47%。

三　企业正规信贷需求的满足程度及满足层次均高于非正规信贷需求

中小企业融资需求的满足程度应从正规信贷需求满足程度与非正规信贷需求满足程度的比较和综合来考察。相当数量的中小企业尤其是小型企业的资金需求无法从正规金融机构得到满足，或者不能得到全部满足，而只能转向民间借贷，民间借贷已成为中小企业融资供给的一条重要途径。有效调查问卷统计结果显示，在调查期，中小企业对非正规信贷的融资需求度高达51.88%，但其满足程度和满足层次均低于正规信贷需求。从图5-1可以看出，随着满足比例层次的提高，信贷需求能够从正规金融机构得到满足的企业所占比重总体上呈上升趋势，由13.43%上升到24.63%；而信贷需求能从非正规金融机构得到满足的企业所占比重总体上呈下降趋势，由26.51%下降到14.46%。两者表现出了相反的变化趋势，这从另一角度反映了中小企业正规信贷需求的满足程度在提高，而非正规信贷需求的满足程度在下降。在信贷需求满足比例低于30%的层次上，正规信贷需求能得到满足的企业所占比重（23.83%）要低于非正规信贷能得到满足的企业所占比重（50.61%），显著低出26.68个百分点；而在信贷需求满足比例高于70%的层次上，正规信贷需求能得到满足的企业所占比重（44.03%）要高于非正规信贷能得到满足的企业所占比重（21.69%），显著高出22.34个百分点。这表明，正规信贷需求的满足层次要高于非正规信贷需求。

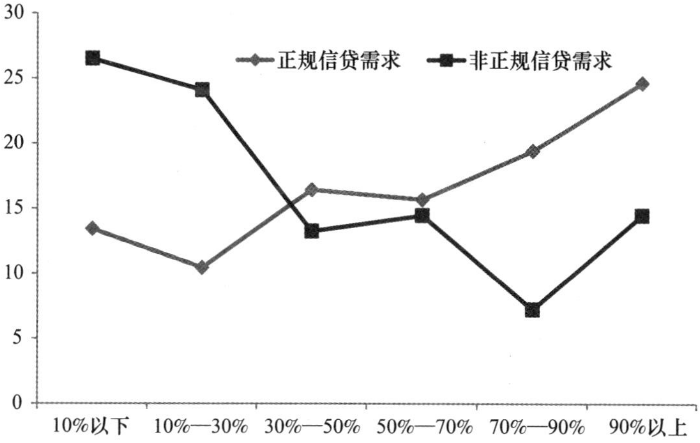

图5－1　信贷需求能得到不同程度满足的企业的所占比重

第五节　供给型与需求型约束的交织作用抑制了企业信贷需求的正规诉求

由上述分析可知，正规金融对中小企业正规信贷需求的满足状况仍不容乐观，仍有大部分企业的正规信贷需求无法得到较高比例的满足和足额满足，即获得的信贷规模小于其信贷需求规模。同时，有效调查问卷统计结果也显示，在企业回答调查问题“当前最难满足的正规信贷期限”的选择中，有48.70%的企业认为最难获得一至三年期的正规信贷，有33.04%的企业认为最难获得三年期以上的正规信贷，只有18.26%的企业认为最难获得不足一年期的正规信贷。这表明，中小企业的正规信贷需求能够得到满足的大部分是短期性的流动资金，而中长期正规信贷的满足程度较低，满足难度较高；企业正规信贷的期限结构不合理，长期资金需求受到严重压抑。可见，中小企业遭受正规金融机构的信贷规模约束和信贷期限约束，即供给型信贷约束。

根据调查问题“企业难以获得正规金融机构贷款的最主要原因”的统计结果，我们可以发现，中小企业还遭受到了严重的需求型信贷约束①。Kon and Storey（2003）、Boucher等（2008）认为，需求型信贷约束主要表现在两个方面：（1）信贷合约的交易成本和风险成本过高，产生了交易成本约束和风险约束；（2）正规金融机构对有效借贷人的甄别错误，信息不对称使得借贷需求者对金融机构的甄别机制产生认知偏差，导致了借贷需求者的“无信心申贷”。从表5-7中可看出，有31.82%的企业认为难以从正规金融机构获得贷款的最主要原因是融资成本过高，有40.26%的企业是因为“难以获得第三方担保、资信状况不符合金融机构要求、没有合格或者足够的抵押财产、银行贷款门槛太高或者手续繁琐、缺乏必要的人际关系或者特殊关系人”，而导致向正规金融机构贷款不方便或者信心不足。可见，中小企业对正规金融机构的信贷需求有着严

① 需求型信贷约束是一种间接性的信贷约束，是直接信贷约束经过需求主体的认知偏差和风险规避偏好过滤及传递所形成的信贷压抑或者信贷替代（程郁等，2009）。

重的信心压抑。调查问题“企业向其他个人、民间金融组织借款的主要原因”的统计结果也可以印证上述结论。统计结果显示，有37.83%的企业认为向银行、信用社根本贷不到款或者贷款不方便，有52.70%的企业认为向非正规金融机构贷款更方便。

表5－7　　企业难以获得正规金融机构贷款和向非正规金融机构贷款的主要原因

难以获得正规金融机构贷款的最主要原因		向非正规金融机构贷款的主要原因	
最主要原因	企业所占比重（%）	主要原因	企业所占比重（%）
融资成本过高（包括利率等）	31.82	向非正规金融机构贷款更方便	52.70
国家信贷政策限制	13.64	向银行、信用社贷款不方便	13.51
无信心申贷	40.26	从银行和信用社根本贷不到款	24.32
原先贷款尚未还清、其他原因	5.19	向银行、信用社贷款综合成本更高	8.11
贷款不难或者没有贷款	9.09	其他	1.35
合计	100.00	合计	100.00

注：无信心贷款包括难以获得第三方担保、资信状况不符合金融机构要求、没有合格或者足够的抵押财产、银行贷款门槛太高或者手续繁琐、缺乏必要的人际关系或者特殊关系人。

可见，中小企业的正规信贷约束不仅来自国家的信贷政策限制、正规金融制度安排和正规金融机构的信贷配给（统称为外部性约束），还来自企业自身的高融资成本规避偏好、风险规避偏好、认知偏差和信心压抑等因素。这实质上也是正规信贷约束的一种重要表现形式，即需求型信贷约束。从上述分析中我们可以看出，当前中小企业的需求型正规信贷约束主要来源于以下三个方面：（1）正规信贷的交易成本过高。主要表现在正规信贷的资金成本较高，心理成本[①]、时间成本（贷款程序太复杂、手续繁琐、审批时间过长等）等隐性成本高。（2）正规信贷的风险成本过高。正规信贷一般有抵押和担保要求，在调查样本企业中，71.81%的企业是通过抵押和担保方式获得正规金融机构贷款。而抵押和担保在贷款人一旦面临贷款偿还困难时，会直接导致正规金融机构对抵押财产的剥夺和担保人的追诉，从而增加企业贷款的风险成本。再之，由于正规信贷期限结构的不合理，且又存在强制偿还约束，从而使得企业面临较大的资产流动性风险，增加企业贷款的风险成本。（3）对正规信贷的获得缺乏信心，对正规信贷不抱乐观预期。这是因为，中小企业尤其是小型企业和微型企业向正规金融机构贷款申请存在获准难、获准率低的问题；调查样本企业中甚至有24.32%的企业认为从银行和信用社根本贷不到款；正规信贷普遍要求抵押和担保、存在关系配给和权钱交换以及请客送礼的现象，这些都使得中小企业对正规信贷的获得存在消极的预期。

从上述分析也可以看出，需求型信贷约束实际上也是中小企业对当前信贷配给状况以及正式金融制度安排的理性反映，在表象上反映了中小企业有着大量的潜在信贷需求和隐蔽信贷需求[②]，但本质上反映的是正规信贷的供求矛盾，供给型约束与需求型约束的交织作用抑制了中小企业融资需求的正规诉求。

① 心理成本是指由贷款申请过程所带来的心理不舒适感，例如，受到信贷员的冷落，奉承信贷员所付出的努力等（Kon and Storey，2003）。

② 潜在信贷需求是指受到了利率以外的其他交易成本限制的信贷需求，隐蔽信贷需求是指受到了抵押、风险、信心压抑等非价格因素限制的信贷需求（刘西川等，2009）。

而且当这一抑制影响固化到企业未来的信贷选择中，就会导致外部性约束下信贷需求压抑的行为惯性，形成收敛信贷需求的机制。特别需要强调的是，需求型信贷约束对中小企业发展的抑制程度并不低于供给型信贷约束。因为，需求型信贷约束不仅会直接影响到中小企业正规信贷需求的申请意愿和可得性，但更重要的是会削弱其改善生产经营、创新发展的信心和积极性。需求型信贷约束会强化中小企业正规信贷需求的高融资成本规避偏好、风险规避偏好和认知偏差，并传导到生产经营管理活动中，从而抑制其改善生产经营和创新发展的动机和选择。

第六节　基于需求导向的中小企业融资制度安排需求指向

中小企业的融资途径选择、意愿偏好既是现有的既定融资制度安排下理性决策和选择的结果，同时也折射出中小企业对未来融资制度的需求，尤其是当前中小企业的融资需求层次结构转型、满足程度状况及其所受信贷约束，更能真实地反映中小企业对现有融资制度改进的期待和未来融资制度的实际需求。从研究结论、有效调查问卷统计结果并结合相关文献研究成果、现有融资制度安排来看，中小企业对未来融资制度的需求指向如下。

一　基于融资需求的逻辑起点构建多层次融资制度安排结构

实体经济对金融服务的需求会诱发相应金融制度安排的创

新和发展。法律环境、政治制度乃至文化、宗教因素都会对金融结构的形成产生一定的影响，但是，实体经济对于金融服务的需求及其特性应该是决定各个发展阶段的金融结构及其动态变化的根本性因素（林毅夫等，2009）。再之，由于各种规模层次、处于不同地区和不同发展阶段的企业的发展水平不同，因之而决定的企业融资行为特征和具体融资需求有着较大差异。而各种融资制度安排在提供持续的资本供应、提高资本的配置和使用效率、规避和分散风险等方面各有优势和劣势，不同融资制度安排之间虽然可能存在一定程度的交叉重叠，但相互之间不具备完全替代性。因此，根据上述对我国中小企业融资需求的分析，我们认为，我国农村地区的金融发展应以“需求追随型”金融为主导地位，以满足中小企业的多元化融资需求为逻辑起点，构建多层次、和谐运行和发展的融资制度安排结构[①]。与中小企业对融资服务的需求及其特性相适应的多层次、和谐运行和发展的融资制度安排结构才是最优的，才能有效地实现融资制度安排的基本功能，促进中小企业快速健康可持续发展，促进中小企业和农村地区金融的和谐发展。

二　基于需求主导的逻辑视角构建“政府强力支持+市场诱致深化”双轮驱动的融资制度安排

从上述分析我们可以看出，中小企业既需要市场提供的融资服务，又需要政府给予的金融支持，而且对政府金融的强有力支持抱有较高期待。再之，中小企业在国民经济中的“强位

① 融资制度安排结构是指融资体系内部各种不同的融资制度安排的比例和相对构成。

弱势”地位、银企间的信息不对称、融资交易和金融服务中的高交易成本、商业银行对中小企业的严重“慎贷、惜贷、恐贷、拒贷”等现状，也迫切需要政府积极地对中小企业进行保护、扶持和引导，通过融资制度创新、改进和完善金融支持政策，以建立解决中小企业融资难问题的长效机制，为中小企业营造良好和公平的竞争、制度和政策环境。但政府在介入到中小企业融资困局的解决时，也会不可避免地出现政府失灵和政府缺陷①，造成经济关系扭曲，资本配置效率低下，这时就需要由市场机制来弥补，将市场机制引入政府干预的过程，以诱致深化政府经济行为的市场化。

同时，在当前国内外经济金融形势日益复杂和不确定性增强的“后危机时代”，以及国家力推经济发展方式转变和城乡一体化发展的宏观政策背景下，中小企业融资制度安排出现了结构性的转换矛盾：一方面，是农村地区的金融抑制②现象仍大量存在，旧的融资制度仍未完全退出，在很大程度抑制了中小企业的融资需求；另一方面，适应中小企业融资问题新形势、新情况的新融资制度尚未完全建立，新制度短缺，这在很大程度无法满足中小企业多元化的融资需求。可见，中小企业面临着旧融资制度过剩和新融资制度短缺并存的双重“制度性壁垒”，这就迫切需要通过政府和市场的力量尽快破除旧的融资

---

① 主要表现在以下几个方面：(a) 政府的内部性缺陷会导致融资制度中的寻租行为；(b) 政府干预中小企业融资的行为具有垄断性，形成不完全竞争；(c) 政府干预中小企业融资措施的效果会随着实施环节的增多而递减（倪雄飞，2009）。

② 金融抑制理论是罗纳德·麦金农（1997）和爱德华·肖（2015）提出，是指金融中存在的金融管制过多、利率限制、普遍的信贷配给、明显倾向扶持行业部门及国有大型企业的选择性信贷政策、金融资产单调等现象。这种现象会阻碍金融体系的快速健康发展，进而使金融与经济之间陷入一种恶性循环。

制度，出台新的融资制度，并寻求新旧融资制度顺利过渡的衔接点。因此，为更好满足中小企业的融资需求，尽早解决融资难问题，就需要基于需求主导的逻辑视角构建“政府强力支持 + 市场诱致深化”双轮驱动的融资制度安排。

三　发展多种形式的地区性中小银行和新型中小金融机构

中小企业的融资需求具有“少、短、急、频”的特点，同时又具有生命周期短、经营变数大、抗风险能力低弱、信用等级较低、企业信息尤其是“硬信息”① 缺失和不透明等不良特质，以致大型银行在为其提供融资服务方面不具有比较优势，出现“慎贷、惜贷、恐贷、拒贷”现象。因此，单纯依靠大型银行的融资服务难以满足中小企业的融资需求，这就需要银行机构组织的多元化和层次化，新建和规范发展多种形式的地区性中小银行和新型中小金融机构，以健全和完善为中小企业服务的金融组织体系，拓宽和完善中小企业的间接融资途径。中小企业也迫切需要中小银行等中小型金融机构为其提供融资服务，在 172 份有效调查问卷中，只有 13.37% 的企业认为发展中小银行“较不重要”和“不重要”，有 86.63% 的企业认为政府应该规范和大力发展中小银行。可见，发展中小银行对中小企业融资问题的解决及其创新发展具有重要意义。按照“金

① 银行信贷决策所依赖的企业信息可以分为两类：“硬信息”是指企业财务报表、成长历史、信用记录、可抵押资产等客观的、易于观察、传递和验证的信息，这类信息银行相对容易获得；“软信息”是指关于企业家的经营能力、个人品质、企业所在的市场环境等因素的信息。对于“软信息”，银行往往只能通过与信贷需求者的密切接触、保持长期或广泛的业务联系来获取，这类信息难以向其他人传递，也难以由信息生产者之外的人予以验证（Pertersen，2004）。以上两类信息是银行机构做出信贷决策的重要依据。

融产品分大小、金融服务分对象、金融机构分层次”的思路大力培育和发展中小金融机构，是解决中小企业融资难问题的根本途径和长久之策[①]。在中国现阶段，中小银行等中小型金融机构尤其是小银行在高度依赖“软信息”的中小企业融资中具有比较优势[②]（林毅夫等，2009）和小规模优势[③]（王晓雅，2003），因而，中小金融机构市场份额的上升对经济增长具有显著的正向影响，提高中小金融机构的重要性有利于经济增长（林毅夫、孙希芳，2008）。

四　营造良好的正规融资制度生态环境

从中小企业目前的融资方式路径依赖、对正规金融机构融资的迫切需求，以及融资途径意愿选择偏好来看，正规融资制度是其融资需求的最重要、效率较高的制度安排。从表面上来看，有些中小企业在一定程度上也依赖于非正规融资制度，从民间的融资渠道来融通资金（在 187 份有效调查问卷中，有 42.25% 的企业向其他个人、民间金融组织借过款），但这是中小企业在既有的融资制度安排下被迫做出的次优选择。同时，

---

① 国家发展改革委负责人就《国务院关于鼓励和引导民间投资健康发展的若干意见》答记者 问，http：//news. xinhuanet. com/politics，2010 年 5 月 14 日。

② 中小企业常常缺乏完整的、经过审计的财务报表（有些小微型企业根本就没有财务报表），信用记录较短，缺乏可用于抵押的资产，也难以找寻可靠担保人，无法或难以向银行提供其所需企业“硬信息”，以致银行对中小企业的信贷决策往往依赖于其“软信息”。正如 Cole et al（2004）和 Berger et al（2005）所得出的研究结论：大型银行主要依靠企业财务报表等标准化数量信息（硬信息）作出信贷决策，而小型银行更多地依赖由银行职员通过人际交往和其他途径获得的关于借款者的定性信息（软信息）制定信贷决策。

③ 小规模优势主要体现在小额、不定期信贷、抵押、担保缺乏型信贷和关系型信贷等方面。这是一种成本优势，主要缘于由于地缘性带来信息优势而产生的信息成本优势和源于组织规模及结构因素带来的代理成本优势。

正规融资制度具有资金优势，以及在更大交易范围内的信息共享与信息成本优势。因此，从长远来看，正规融资制度仍会是满足中小企业融资需求的最重要制度安排。

但上述分析也表明，我国中小企业不仅受到了供给型信贷约束，还受到了需求型信贷约束，正规信贷约束的结构由过去单纯的供给型信贷约束转向供给配给与需求压抑交织作用下的结构混合型信贷约束，而且需求型信贷约束的程度甚至要高于供给型信贷约束。这表明，要切实消除中小企业的正规信贷约束，不仅要消除供给型信贷约束，更重要的是要通过正规融资制度的创新来解决中小企业融资的交易成本和风险成本以及信心不足的问题，铲除正规信贷需求压抑的制度性根源，营造良好的融资制度生态环境。

从中小企业在调查问题“站在贵企业的角度看，解决企业融资难的哪些政策措施比较重要”的回答中，我们可以发现，要消除中小企业的供给型信贷约束，以增加正规信贷供给，一是要鼓励金融机构专门增加对中小企业的信贷支持，有97.34%的企业认为该政策措施“重要”“比较重要”和“一般重要”；二是要增加银行和信用社在农村地区的服务网点，有92.13%的企业认为该政策措施“重要”“比较重要”和“一般重要”；三是要放松对金融市场的利率管制和对金融机构的信贷约束，分别有90.42%和83.64%的企业认为该政策措施“重要”“比较重要”和“一般重要”。要消除中小企业的需求型信贷约束，以降低正规信贷融资成本和增强申贷信心，一是要加强信用体系、环境建设和发展中小企业信用担保，分别有95.56%和95.53%的企业认为这两项政策措施“重要”“比较重要”和“一般重要”；二是要鼓励民间金融或者合作金融发展，有90.00%的企业认为该政策措施“重要”“比较重要”和“一般重要”；三是要引导、督促金融机构改善金融服务，有89.42%的企业认为该政策措施“重要”“比较重要”和“一般重要”。

五　创新金融产品和服务方式，强化银行商业信贷瞄准机制的技术改进

由前文分析可知，中小企业有着大量的潜在正规信贷需求和隐蔽正规信贷需求，造成这两类信贷需求不能实现的主要原因是融资交易成本和风险成本、企业申贷信心不足等问题。因此，为了把潜在信贷需求和隐蔽信贷需求转化为有效信贷需求和显性信贷需求，就迫切需要针对中小企业信贷需求的现实特点，加大创新和改善银行贷款产品、服务方式和贷款程序，降低交易成本和风险成本，增强企业申贷信心。可以推断，在降低交易成本与贷款要求的情况下，很多企业都会积极和踊跃申请正规信贷。再之，由于小型企业和微型企业、地处中部地区和西部地区中小企业、处于成长阶段以及产品结构调整或者产业升级阶段中小企业的融资需求更为突出，这就决定了正规金融机构尤其是银行提供的金融服务不应该是“一刀切”，差别化的金融服务更具针对性，更能提高金融服务的效率和效果。

因此，要挖掘和显性化中小企业的潜在信贷需求和隐蔽需求、提供差别化的金融服务，就迫切需要强化对中小企业，特别是小型企业和微型企业、地处中部和西部地区中小企业、处于成长阶段以及产品结构调整或者产业升级阶段中小企业的信

贷瞄准机制，并积极促进信贷瞄准机制的技术调整和改进，以扩大瞄准半径，增强瞄准精度和力度，提升瞄准效率。这也是扩大正规金融机构发展空间和促进农村地区正规金融市场可持续发展的重要路径。

第六章　中小企业技术创新绩效影响因素的实证分析

第一节　问题的提出

改革开放特别是进入21世纪以来，我国中小企业不断发展壮大，已成为县域经济和社会发展的重要力量，在繁荣农村经济、增加农民就业、改善民生、保障社会稳定等方面，发挥着越来越重要的作用。但在中小企业的快速发展中尤其是在国际金融危机的冲击下，也面临着许多不容忽视和回避且亟待解决的新老问题，例如，融资难、市场进入壁垒繁多、政策歧视、技术创新能力低下、市场竞争能力弱、税费负担沉重。其中，技术创新能力的缺失和弱化、技术创新绩效的低下是一个突出问题，而且企业技术创新的相关特征变量（如企业主导产品的技术来源、企业有无技术研发机构等）对其经营绩效有较大影响（杜志雄、肖卫东，2010）。当前，进一步促进中小企业发展，既是实现城乡统筹发展、关系民生和社会稳定的一项重大战略任务，也是促进县域经济结构调整、产业升级和转变经济发展方式的一项紧迫任务；形成和提升中小企业的技术创新能力、提高技术创新绩效更是完成战略任务和紧迫任务的难点和重点。因此，为使中小企业继续和更好发挥我国经济社会发展中坚力量的作用，在当前不确定性较高的国内外市场环境中继续和更好保持优势竞争地位，就必须形成和提升其技术创新能力，提高技术创新绩效。

影响中小企业技术创新绩效的因素很多，许多学者对此也进行了大量的深入分析和研究。潘旭明（2006）从网络环境下研究了企业技术创新的影响因素，认为影响企业技术创新的因素很多，在传统条件下主要是企业的技术基础、经济条件、人员素质等，在网络环境下，对企业技术创新产生影响的因素除了传统因素外，还应当关注企业的社会网络和信息管理能力。池仁勇（2003）的实证研究表明，技术创新效率主要由企业内部因素决定，例如，企业制度、内部职能部门的协调性、创新方式的选择等，政府对企业技术创新的作用只能是改善市场环境，政府的补贴和税收减免不是技术创新的真正动力。石凤妍、赵亚军（2005）认为中小企业在技术创新过程中普遍存在着动力不足的问题，动力障碍因素主要有融资困难、人才缺乏、技术创新战略选择不当、技术创新信息不足。贾生华、疏礼兵等（2006）通过对浙江民营企业的实证研究发现，影响民营企业技术创新能力的主要因素有产品创新、工艺流程创新、技术人才资源、创新促进政策、机构融资环境，它们应该成为培育民营企业技术创新能力的着力点。高霞、高启杰（2008）利用密切值法实证分析了农业龙头企业技术创新能力的影响因素，认为企业创新能力的大小呈现出明显的行业特征，资金、企业的技术水平、关键技术人员、主要领导的支持、企业的战略是影响企业创新能力大小的关键内部因素，政府的政策是影响企业创新能力的首要外部因素。

回顾现有相关研究成果，不难发现还存在以下主要不足：(1) 针对中小企业的技术创新绩效的研究还不多；(2) 研究内容侧重于宏观政策层面的影响因素分析，对企业内部的微观和中观层面的影响因素分析不多；(3) 研究方法偏重于规范研究，实证研究成果不多。从国内外已有的研究成果来看，外部环境虽然对中小企业的技术创新绩效有着十分重要的影响作用，但这只是外因，中小企业技术创新绩效的提升还取决于其自身的发展能力和中观层面的影响因素。因此，在研究中小企业技术创新绩效的影响因素时，除了要探讨其外部因素（例如，政府政策、产业组织、融资环境等）外，还应探索哪些微观和中观层面的因素会影响中小企业的技术创新绩效。

本章拟在已有研究成果的基础上，利用四个县（市）中小企业的问卷调查数据，运用 Logistic 模型来计量分析和识别影响中小企业技术创新绩效的微观和中观层面因素，并明确这些因素的作用方向及其影响程度，以期为中小企业技术创新能力的培育和提升、技术创新绩效的改善和提高、政府企业技术创新政策的制定和供给提供政策依据。

第二节　样本特征

表 6 -1 列出了回收的有效样本企业的基本特征。

表 6－1　**样本企业特征**

样本特征		企业数（家）	所占比重（%）	样本特征		企业数（家）	所占比重（%）
规模	中型企业	67	33.67	行业类型	传统制造业	97	48.75
	小型企业	132	66.33		先进制造业	40	20.10
	合计	199	100.00		高新技术企业	24	12.06
经营期限	0—1 年（含 1 年）	10	5.08		农业企业	21	10.55
	1—3 年（含 3 年）	27	13.70		服务业企业	17	8.54
	3—5 年（含 5 年）	31	15.74		合计	199	100.00
	5 年以上	129	65.48	所有制性质	国有企业	1	1.21
	合计	197	100.00		集体企业	7	8.43
要素类型	劳动密集型	107	56.61		私营企业	56	67.47
	资金密集型	44	23.28		外资企业	19	22.89
	技术密集型	38	20.11		合计	83	100.00
	合计	189	100.00	注册资本	0—50 万元	47	25.82
组织形式	股份合作企业	12	12.00		50 万—100 万元	20	10.99
	股份有限公司	7	7.00		100 万—500 万元	54	29.67
	有限责任公司	81	81.00		500 万元以上	61	33.52
	合计	100	100.00		合计	182	100.00

注：①企业注册资本区间范围中的分界点按上限在内原则来确定；②外资企业包括外商投资企业和港澳台商投资企业。

根据国家统计局等四部委 2003 年颁布的《中小企业标准暂行规定》，中小企业按职工人数、资产总额或销售额这两条标准来划分。由于受调查数据资料限制，我们按企业资产总额或销售额来划分企业规模[①]。据此，在有资产总额或销售额数据

① 资产总额在 4000 万元及以上、销售额在 3000 万元及以上的企业为中型企业，资产总额在 4000 万元以下、销售额在 3000 万元以下的企业为小型企业。需要说明的是，2011 年 7 月 4 日，工业和信息化部、国家统计局、国家发展和改革委员会四部门联合发布了《中小企业划型标准规定》，该规定根据企业从业人员、营业收入、资产总额等指标将中小企业划分为中型、小型、微型三种类型。

的199家样本企业中，中型企业占33.67%，小型企业占66.33%，样本企业以小型企业为主。从182家样本企业的注册资本规模来看，中小企业的注册资本规模普遍不高，500万元以上的企业仅占33.52%。从企业经营期限来看，65.48%的样本企业的经营年限在5年以上。从企业所有制性质和组织形式来看，样本企业主要是以私营企业为主，组织形式上以有限责任公司占主导。从企业投入要素性质和行业性质来看，样本企业以劳动密集型企业为主，大多数企业从事传统制造业。

第三节　中小企业技术创新绩效影响因素的实证分析

一　变量设置与模型选择

基于计量数据的可得性，在本研究中，以“过去三年中小企业是否开发了新产品、新技术、新工艺或新服务项目”作为技术创新绩效的衡量指标①，即因变量。这是一个二元选择问题，即因变量为“0－1”型的虚拟变量。若企业在过去三年开发了“四新”，则取值为“1”，否则取值为“0”。主要考虑把企业自身特征、企业决策者特征、企业所属行业特征、技术创新战略与资源特征、企业的地理区位特征五组变量作为解释变量（即自变量），这些解释变量均为虚拟变量，其说明和描述性统计见表6－2和表6－3。

① 技术创新绩效的衡量指标有新产品开发速度、年新产品数量、技术创新成功率、年申请专利数量、新产品产值占销售总额的比例，本章选取“过去三年贵公司是否开发了新产品、新技术、新工艺或新服务项目”作为衡量指标。

表6－2　　　　　　**计量模型解释变量说明**

变量名称	变量代码	变量定义	作用方向
1. 企业自身特征			
企业规模	x_1	中型企业＝1；小型企业＝0	+
企业经营期限	x_2	0—1年＝1；1—3年＝2；3—5年＝3；5年以上＝4	+
企业要素类型	x_3	劳动密集型企业＝1；资金密集型行业＝2；技术密集型行业＝3	+
企业生命周期	x_4	起步阶段＝1；成长阶段＝2；稳定运行阶段＝3；业务萎缩阶段＝4	?
是否处于产品结构调整或者产业升级阶段	x_5	是＝1；否＝0	+
2. 企业决策者特征			
性别	x_6	男＝1；女＝2	−
年龄	x_7	30岁以下＝1；30—40岁＝2；40—50岁＝3；50—60岁＝4；60岁以上＝5	?
受教育程度	x_8	小学以下＝1；初中＝2；高中＝3；大学＝4；硕士以上＝5	+
3. 行业特征			
行业类型	x_9	传统制造业＝1；先进制造业＝2；高新技术企业＝3；农业企业＝4；服务业企业＝5	?
4. 技术创新战略与资源特征			
企业技术创新战略	x_{10}	模仿＝1；成熟技术＝2；技术许可和进口＝3；自主开发或合作开发＝4	+
企业技术装备水平	x_{11}	20世纪80年代或其以前的国内一般水平＝1；80年代国内先进水平＝2；90年代国内先进水平＝3；当前的国内先进水平＝4；当前的国际先进水平＝5	+
企业有无技术研发机构	x_{12}	有＝1；无＝0	+

续表

变量名称	变量代码	变量定义	作用方向
5. 地理区位特征			
经济区域	x_{13}	广东 =1；山东 =2；安徽 =3；四川 =4	?
是否位于产业集群	x_{14}	是 =1；否 =0	+

注："-"表示负向影响，"+"表示正向影响，"?"表示影响方向无法确定。

表6-3　**决定因素模型中特定解释变量的特征值和取值范围**

变量名称	最小值	最大值	均值	标准差
被解释变量（y）	0	1	0.50	0.50
企业规模（x_1）	0	1	0.33	0.47
企业经营期限（x_2）	1	4	3.39	0.92
企业要素类型（x_3）	1	3	2.38	0.77
企业生命周期（x_4）	1	4	2.30	0.81
是否处于产品结构调整或者产业升级阶段（x_5）	0	4	0.63	0.56
企业决策者性别（x_6）	1	2	1.04	0.20
企业决策者年龄（x_7）	1	5	3.20	0.84
企业决策者受教育程度（x_8）	1	5	3.44	0.83
企业所属行业类型（x_9）	1	5	2.11	1.33
企业技术创新战略（x_{10}）	1	4	1.85	1.00
企业技术装备水平（x_{11}）	1	5	2.56	0.97
企业有无技术研发机构（x_{12}）	0	1	0.40	0.49
经济区域（x_{13}）	1	4	2.38	1.17
是否位于产业集群（x_{14}）	0	1	0.40	0.49

根据因变量和自变量的特性，本章选择建立二元 Logistic 模型来计量分析中小企业技术创新绩效的影响因素。Logistic 模型采用逻辑概率分布函数，其具体形式为：

$$p_i = F(Z_i) = f(\alpha + \beta X_i + \mu) = \frac{1}{1+e^{-Z_i}} = \frac{1}{1+e^{-(\alpha+\beta X_i)}} \quad (1)$$

$$\log \frac{p_i}{1-p_i} = Z_i = \alpha + \beta X_i \quad (2)$$

上述（2）式回归方程中的因变量是作某一特别选择的机会比的对数，这也表明 Logistic 模型的一个重要优点就是它把（0，1）上预测概率的问题转化为在实数轴上预测一个事件发生的机会比的问题。

根据上述 Logistic 模型的具体公式，我们可建立中小企业“过去三年是否开发了新产品、新技术、新工艺或新服务项目”这个因变量与 14 个特定解释变量之间关系的 Logistic 模型，所建模型的具体形式为：

$$p_i = F(Z_i) = \frac{1}{1+\exp[-(\alpha+\beta_i X_i+\mu)]};\ i = 1, 2\cdots, 13, 14 \quad (3)$$

在（3）式中，p_i 为过去三年中小企业开发了新产品、新技术、新工艺或新服务项目的概率，$\beta_1 \sim \beta_{10}$ 为待估计参数，x_i 为解释变量向量，μ 为误差项。

二　计量结果与分析

根据整理归类的 151 份有效调查问卷数据，使用统计分析软件 SPSS 17.0，采用极大似然估计法对所建立的 Logistic 模型进行估计，并利用怀特检验方程以矫正异方差，利用似然比检验法（LR）检验回归方程的拟合优度。为了重点检验上述 5 组 14 个特定变量对中小企业技术创新绩效的影响，本章分别建立了 5 个组的分组 Logistic 模型和 14 个变量的总体 Logistic 模型。

6 个 Logistic 模型的估计结果见表 6－4 所示。

表 6－4　　Logistic 模型估计结果（1）

变量	模型Ⅰ			模型Ⅱ			模型Ⅲ		
	β	Wald	Exp（β）	β	Wald	Exp（β）	β	Wald	Exp（β）
x_1	0.45	0.82	1.58	1.21***	9.72	3.35	—	—	—
x_2	0.30**	1.30	1.35	0.36***	2.59	1.44	—	—	—
x_3	0.41	2.05	0.69	0.42*	3.15	0.66	—	—	—
x_4	0.32	1.04	1.38	0.06	0.04	1.06	—	—	—
x_5	0.92***	5.46	2.50	0.60**	3.14	1.83	—	—	—
x_6	0.11	0.01	1.11	—	—	—	0.20	0.05	1.22
x_7	－0.16	0.33	0.86	—	—	—	0.18	0.74	1.19
x_8	0.19*	0.40	1.21	—	—	—	0.58***	7.24	1.78
x_9	－0.28	2.41	0.76	—	—	—	—	—	—
x_{10}	0.60***	6.73	0.55	—	—	—	—	—	—
x_{11}	0.47**	3.22	0.63	—	—	—	—	—	—
x_{12}	1.90***	15.26	6.65	—	—	—	—	—	—
x_{13}	0.26*	1.37	1.29	—	—	—	—	—	—
x_{14}	0.01	0.00	1.01	—	—	—	—	—	—
－2LL	146.71			185.86			200.95		
Chi-square	62.62**			23.47***			8.38**		
Nagelkerke R^2	0.46			0.20			0.07		
Percentage Correct	80.1%			66.2%			58.3%		

续表 6－4　　Logistic 模型估计结果（2）

变量	模型Ⅳ			模型Ⅴ			模型Ⅵ		
	β	Wald	Exp（β）	β	Wald	Exp（β）	β	Wald	Exp（β）
x_9	－0.12	0.97	0.89	—	—	—	—	—	—
x_{10}	—	—	—	0.51***	6.60	0.60	—	—	—
x_{11}	—	—	—	0.39**	3.50	0.68	—	—	—

续表

变量	模型Ⅳ			模型Ⅴ			模型Ⅵ		
	β	*Wald*	*Exp*（β）	β	*Wald*	*Exp*（β）	β	*Wald*	*Exp*（β）
x_{12}	—	—	—	1.76***	19.12	5.81	—	—	—
x_{13}	—	—	—	—	—	—	-0.07*	0.26	0.93
x_{14}	—	—	—	—	—	—	-0.16	0.24	0.85
-2LL	208.35			166.52			208.74		
Chi-square	0.98			42.81***			0.58		
Nagelkerke R^2	0.009			0.33			0.005		
Percentage Correct	53.0%			74.2%			56.3%		

注：①***、**和*分别表示结果在1%、5%和10%的水平上显著；②-2LL，即-2Log Likelihood，是模型的对数似然值；③Chi-square是似然比检验（Likelihood Ratio Test）的结果，若Chi-square通过Sig检验，表示加入的自变量显著，这表示加入模型的这个变量对因变量有明显的影响，可用来检验模型的整体显著性或整体拟合优度。④Percentage Correct是指预测正确率，用来检查有多少观测值能用模型来正确估计。

从表6-4看出，虽然有些模型中的有些系数未能通过显著性水平检验，但是，有四个模型均通过了似然比显著性检验，尤其是模型Ⅱ和模型Ⅴ的似然比显著性检验水平较高（1%显著性水平），模型Ⅰ和模型Ⅲ均通过了5%的似然比显著性水平检验。总体来说，总体模型和三个分组模型（模型Ⅱ、Ⅲ、Ⅴ）及其检验结果具有统计学意义，回归模型的显著性水平足以说明本章所选的企业自身特征、企业决策者特征、企业所属行业特征、技术创新战略与资源特征、企业的地理区位特征这五组变量是影响中小企业技术创新绩效的主要因素。具体分析如下。

1. 中小企业自身特征对技术创新绩效的影响

模型Ⅰ和模型Ⅱ计量结果显示，企业自身特征中对技术创新绩效有显著影响的因素主要有企业规模、企业经营期限、企业要素类型，以及企业是否处于产品结构调整或者产业升级阶段。

（1）企业规模对技术创新绩效有显著的正向影响。在模型Ⅱ中，企业规模的回归系数通过了1%的显著性检验，这说明，企业规模是影响中小企业技术创新绩效的重要因素。中小企业的规模越大，其技术创新取得高绩效的概率也就越大；企业规模越小，技术创新取得高绩效的概率也就越小。从模型Ⅱ中的发生比 $Exp(\beta)$ 可以看出，中型企业的技术创新取得高绩效的可能性是小型企业的3.35倍。

（2）企业经营期限对技术创新绩效有显著的正向影响。企业经营期限的回归系数分别在模型Ⅰ和模型Ⅱ中通过了5%和1%的显著性检验。这说明，企业经营期限是影响中小企业技术创新的重要因素。中小企业的经营期限越长，其技术创新取得高绩效的可能性也就越大；反之，取得高绩效的可能性也就越小。而且，经营期限平均每增加1年，其技术创新取得高绩效的发生比将增加44%。

（3）企业要素类型对技术创新绩效有正向影响。企业要素类型的回归系数在模型Ⅱ中通过了10%的显著性检验，但在模型Ⅰ中不显著。可见，企业要素类型也是影响中小企业技术创新绩效的一个因素，但影响作用不甚显著。

（4）企业是否处于产品结构调整或者产业升级阶段对技术创新绩效有显著的正向影响。该变量系数在模型Ⅰ和模型Ⅱ中通过了 1% 和 5% 的显著性检验。这说明，企业是否处于产品结构调整或产业升级阶段，对企业的技术创新绩效有着非常重要的正向影响作用。如果企业处于产品结构调整或产业升级阶段，其技术创新取得高绩效的可能性也就越大；反之，可能性也就越小。从模型Ⅰ中的发生比 *Exp*（β）可以看出，处于产品结构调整或产业升级的中小企业，其技术创新取得高绩效的可能性是不处于该阶段企业的 2.5 倍。

2. 中小企业的决策者特征对技术创新绩效的影响

模型Ⅰ和模型Ⅲ的计量结果显示，企业决策者特征中对技术创新绩效有显著影响的因素主要是决策者的受教育程度，该回归系数在模型Ⅲ中通过了 1% 的显著性检验。这说明，企业决策者的受教育程度是影响中小企业技术创新绩效的重要影响因素。而且，企业决策者的受教育程度每增加 1 年，企业的技术创新取得高绩效的发生比将增加 78%。

3. 中小企业的技术创新战略和资源特征对技术创新绩效的影响

模型Ⅰ和模型Ⅴ的计量结果显示，企业技术创新战略和资源特征中对技术创新绩效有显著影响的因素主要有企业技术创新战略、企业技术装备水平和企业有无技术研发机构。

（1）企业技术创新战略对技术创新绩效有显著的正向影响。该变量的回归系数在模型Ⅰ和模型Ⅴ中均通过了 1% 的显著性检验。这表明，企业技术创新战略对技术创新绩效有重要的正向影响作用。如果企业的技术创新战略是采取模仿、引进成熟技术或者获得技术许可，则企业就面临缺乏新产品、新项目的问题，缺乏具有自主知识产权的技术和产品，长期处于市场追随者和落伍者地位，其技术创新就处于低端水平。如果企业采取自主开发或合作开发战略，则企业就会拥有具有自主知识产权的技术和产品，技术创新就能取得高绩效。从模型Ⅰ中的发生比 Exp（β）可以看出，企业选择了自主开发或合作开发战略，其技术创新取得高绩效的发生比将增加45%。可见，中小企业选择好正确的技术创新战略对其技术创新绩效具有较强的提升作用。

（2）企业技术装备水平对技术创新绩效有显著的正向影响。该变量的回归系数在模型Ⅰ和模型Ⅴ中均通过了5%的显著性检验。这表明，企业的技术装备水平对其技术创新绩效具有重要的正向影响作用。企业的技术装备越先进，则技术创新的物质基础也就越好，技术创新取得高绩效的可能性也就越大；反之，技术创新取得高绩效的可能性也就越小。而且，企业的技术装备水平每提高1个层次，其技术创新取得高绩效的发生比将增加37%。

（3）企业有无技术研发机构对技术创新绩效有显著的正向影响。该变量的回归系数在模型Ⅰ和模型Ⅴ中均通过了1%的显著性检验。这表明，企业有无技术研发机构对技术创新绩效有着非常重要的影响作用。从模型Ⅰ中的发生比 Exp（β）可以看出，有技术研发机构的中小企业，其技术创新取得高绩效的概率是无技术研发机构企业的6.65倍。

4. 企业地理区位特征对技术创新绩效的影响

模型Ⅰ和模型Ⅵ的计量结果显示，企业地理区位特征对技术创新绩效有显著影响的因素主要有经济区域，也即中小企业所在的经济区域。该变量的回归系数在模型Ⅰ和模型Ⅵ中均通过了10%的显著性检验，但是，其回归系数值在这两个模型中的方向不同，在模型Ⅰ中为正值，而在模型Ⅵ中为负值。这表明，企业所在的经济区域对技术创新绩效有重要的影响作用，但其作用方向不确定，这可能还需要结合各经济区域的经济发展水平等因素来进行具体分析。

第四节　主要结论与政策启示

基于四个县（市）中小企业的调查数据对中小企业技术创新绩效的微观和中观影响因素进行了实证研究，研究发现：企业规模、企业经营期限、企业是否处于产品结构调整或者产业升级阶段、企业决策者的受教育程度、企业技术创新战略、企业技术装备水平和企业有无技术研发机构等因素会对企业的技术创新绩效产生显著的正向影响作用，企业要素类型亦有一定的正向影响作用。

基于以上研究结论，提出以下对策建议：一是引导支持中小企业技术进步、结构调整和产业升级，转变经济发展方式。要坚持把促进发展与推进结构调整和产业升级有机结合起来，通过政策引导和服务支持，实现中小企业由数量向质量、由粗放向集约、由外延向内涵发展的转变。要支持中小企业设立独立的研究开发机构，以提高技术创新能力，支持中小企业加大研发投入，开发先进适用的技术、工艺和设备，研制适销对路的新产品，提高产品质量。二是加大对中小企业决策者尤其是企业家的培训工作，提升其人力资本水平。转变观念，完善制度，创造良好的企业家人力资本成长环境。完善经理人市场，提高企业家人力资本需求信息的透明度。三是选择良好的技术创新战略，充分挖掘技术创新资源。一般来讲，技术创新具有不确定性及高风险性等特点，同时企业技术创新战略具有全局性、长期性、层次性和风险性的特征。所以，选择适合自己的技术创新战略对于中小企业而言极为重要。

第三篇

中小企业公共服务平台发展的理论分析与案例考察

第七章　中小企业公共服务平台研究述评及其引申

中小企业公共服务平台的设立和建设是转变企业经济发展方式、优化资源配置、提升企业自主创新能力和转变政府职能的有效途径和重要措施，也是国家和各地政府大力发展生产性服务业的重要内容。因而，公共服务平台这种集群创新机制也就成为许多研究者的关注焦点和研究重点，目前，国内外学者在公共服务平台方面的相关研究主要集中在公共创新服务平台的作用、建设的原则和方法、运行机制的初步探讨、平台体系建设的主要内容、平台成长和发展的政策选择和措施等几个方面。

第一节　关于中小企业公共服务平台功能和作用的研究

公共服务平台在各个国家提法不一，但都将其作为国家创新体系和区域创新体系中的重要组成部分来研究。公共服务平台作为一种中介服务组织，在各创新主体之间具有重要的桥梁作用。尤其是公共科技创新平台在政府推动下，以市场机制为纽带，把企业和科研院所联结在一起，具有技术研发、技术转移和产业化、资源共享、孵化企业等功能，是培育高科技企业、发展高新技术产业的载体，对科技与经济的紧密结合具有很强的促进作用（蒋泰维，2009）。同时，公共创新服务平台是国家创新体系建设的重要内容（吴永忠，2004）。当前，中小企业公共服务平台已成为产业集群改造和产业转型发展的新引擎，建设和发展公共服务平台的需求和迫切性在迅速增强（姜长云，2009），具有提升区域创新能力的重要作用（张利华、陈钢等，2007）。对此，周明生、王辉龙（2005）分析了公共服务平台等生产性服务业作为镶嵌于产业集群创新系统的一个部分，对产业集群创新的润滑和支撑作用。王珺、岳芳敏（2009）以广东省佛山市南海区西樵纺织专业镇为案例，考察了技术服务组织对产业集群企业技术创新能力形成的重要作用和企业如何模仿走向创新的过程。面向产业集群加强公共服务平台建设，把公共服务平台建设和发展与中小企业集群化发展紧密结合起来，是增强创新绩效和改善中小企业经营绩效的重要路径（杜志雄、肖卫东，2010）。进一步的深入研究表明，公共服务平台尤其是产业创业平台，还是实现区域协调发展和快速转型的战略选择，它会创新要素集成并引起产业变革，导致创新成果外溢以及产业化的系统性形态，进而催生先导产业集群并进而贡献于区域经济发展（许正中、高常水，2010）。

第二节　关于中小企业公共服务平台建设类型和运营模式的研究

由于学者们研究角度和着眼点的不同，并且考虑地区差异因素，不同地区建设和发展的中小企业公共服务平台的运行模式有所不同。从组织性质来看，公共服务平台主要有“虚拟组织”和“实体组织”两种运行模式（俞志华、戚钜岳等，2006），有组织能力平台、产品家族平台、双边市场平台、技术系统平台四种类型（Thomas，Llewellyn，Erkko Autio and David Gann，2011）。从组织的服务对象或者范围来看，公共服务平台有公共科技基础条件平台、行业公共服务平台和区域公共服务平台三种发展模式（蒋泰维，2009）；其中，区域公共服务平台有三种典型的运行模式：以科技中介机构为核心的平台、以行业内龙头企业为核心的平台和以研究院所为核心的平台（张利华、陈钢等，2007）。专业镇的技术创新平台，在广东省主要有三种构建模式：政府主导型；政府引导，企业化运作；企业主导，政府扶持（薛捷，2008）。在江苏省主要有四种模式：政府主导建立；高等院校、科研院所投资建立；骨干企业建立；以民资为主依托行业协会建立。在福建省主要有四种建设模式：政府主导型；龙头企业主导型；行业协会主导型和政府合作型（余忠、李秀珠等，2010）。还有些学者从其他角度对中小企业公共服务平台的运作模型进行了研究。王宣喻（2008）认为公共服务平台的运作模式有五种：（1）政府投资，政府管理；（2）政府投资，市场化运作；（3）政府投资，企业管理；（4）政府、企业或其他社会组织合作投资，共同管理，在产权上实现多元化，在管理上实行更灵活的机制；（5）企业投资，政府支持。张振刚、景诗龙（2008）基于政府作用视角，当前我国产业集群共性技术创新平台分为政府主导型、政府合作型、政府鼓励型三种模式。钟无涯（2014）基于运营主体性质维度，将公共服务平台运营模式分为政府主导型、企业主导型、第三方主导型和混合型四种。

从互动视角出发，Howells（2001）提出了中小企业公共服务平台的两类服务模式，一类是由中小企业和公共服务平台构成的静态服务模式；另一类是由中小企业、公共服务平台、科研院所和其他专业性服务机构构成的动态服务模式。Silvestrou et al.（1992）结合服务标准化程度和与中小企业的互动程度两个维度，认为中小企业公共服务建设的两种模式：专业服务复制和大规模服务生产组织，前者提供高度定制化的服务，与中小企业的接触程度较高，并经常根据中小企业需求调整服务；后者在服务生产过程中与中小企业接触的时间较短，很少根据中小企业需求对服务进行即时调整。基于双边市场的特性，Armstrong（2006）将公共服务平台看成是两个具有网络外部性的市场主体之间交互的媒介，并认为公共服务平台有三种市场结构模式：一是垄断平台，即只有一个平台且所有市场主体只能参加该平台；二是竞争平台，即有两个及以上竞争平台可供选择，但一个市场主体只能参加一个平台；三是竞争阻碍平台，即有多个竞争平台可供选择，一类市场主体选择单一平台，而另一类市场主体选择多个（所有）平台。

第三节　关于中小企业公共服务平台运行机制的初步探讨

要更好地发挥平台作用，提高平台的创新和服务功能，除了建立有效的组织和运行模式，还需构建资源共享、人才流动、高效灵活、自我发展的良性运行机制。王桂良（2009）认为公共服务平台应构建和完善以理事会为核心，推动平台正常运转和长效管理的竞争择优机制、市场运行机制、滚动支持机制、优胜劣汰机制和长效管理机制。特别是对于虚拟组织模式，相对来说协调比较困难，建立良好的内部协调运行机制则显得尤为重要。张利华、陈钢等（2007）认为区域创新公共服务平台的运行机制应包括：平台组织结构（包括股权结构、资本结构以及管理机构设置等）和平台治理机制（包括投资机制、决策机制、利益分配机制、监督机制等）。王珺、岳芳敏（2009）概括了广东省佛山市南海区西樵纺织专业镇的技术服务组织作为有效的新产品供应者应具有三个特征，即双重性的组织设计、专用性的进入路径和适应性的职能转换，这是现有市场体制下的技术服务组织的有效制度安排。肖卫东、杜志雄（2010）认为，基于“政府主导，以研究院所为核心，市场化运作”的公共服务平台具有政府和市场等多重技术资源配置优势，这是一种具有公益性和市场性双重属性的“被组织化”的准公共组织。余忠、石德金等（2010）在分析专业镇技术创新平台概念、结构及内在关系的基础上，提出了非零和合作博弈；优势互补，创造协同效应；资源共享，风险分担；合作创新，节约交易成本等构建机理。

有些学者还从中小企业公共服务平台身份和角色锁定的视角，考察了公共服务平台支撑区域生产性服务业发展的运行机制及其效应。构建公共服务平台具有熊彼特意义上“创造性破坏”的运行机制及其效应特征：（1）公共服务平台打破了原有产业内外分工、合作的均衡格局，引发了服务业内部、制造业内部、产业间新一轮秩序或架构系统的重构，从而固化了中小企业间的竞合秩序（Cacciatori and Jacobides，2005；Jacobides and Winter，2005）；（2）由于经济行为与社会结构的“互嵌”效应（Jacobides，2008；Tee and Gawer，2009；吴义爽、汪玲，2010），随着中小企业间竞合机制与经济利益关系的逐渐强化，与其相契合的社会协调机制、关系网络也逐渐确立与稳定，并反过来约束或促进了相应经济行为，从而形成稳定的区域产业架构系统和生产、交易秩序（Jacobides，2008）。

肖卫东、冯伟（2014）认为，运行机制是公共服务平台高效运营和有效服务的动力源和重要保障。实现公共服务平台的基本功能，要构建“政府＋市场”双轮驱动的运作机制，明确政府和市场的行为边界；建立以公共服务平台为中心节点的协同服务机制，以形成“开放、合作、互动”的服务合作网络；建立公共服务平台创新成果与中小企业创新需求之间的良性互动机制，加速公共服务平台创新成果的扩散和传播；建立和健全公共服务平台高效的管理体系与运营机制。在广东省小榄专业镇，中小微企业技术创新公共服务平台通过建立多方投入机制、资源共享机制和协同创新机制来实现内部各要素的协同作用，为中小微企业技术创新全过程提供服务（张振刚、陈志明等，2014）。

第四节　关于中小企业公共服务平台服务内容、服务模式的研究

《关于促进中小企业公共服务平台建设的指导意见》中提出，中小企业公共服务平台应根据当前和今后一个时期中小企业发展需要，着力为中小企业提供信息查询、技术创新、质量管理、管理咨询、创业辅导、市场开拓和人员培训等服务。国内学者对不同公共服务平台的服务内容也进行了研究。洪晓军（2007）认为尽管公共服务平台具有不同的分类，但都具有提供科研基础条件、设计重大创新课题、承担科技攻关任务、实施科技成果推广、服务广大中小企业、锻炼培养创新人才的服务内容，并具有创新主体多元性、集聚要素关联性、基础条件规模性、创新资源优质性和平台功能复合性等基本特征。薛捷（2008）认为，专业镇科技创新公共服务平台在服务功能方面必须围绕中小企业的需求打造“产前服务→产中服务→产后服务＋生产经营支持服务”的服务链，为企业创新发展提供全面的服务。王珺、岳芳敏（2009）指出，技术服务组织因企业对新技术产品与服务需求差异而分为专用性与通用性两种职能，专用性职能指的是新产品与新设计样板的研究与开发，通用性职能是指设立的一种技术服务适用于集群内大多数企业技术需求的职能。易鸣（2009）认为，中小企业公共服务平台应建立

包括科技支持服务、融资担保服务、信息服务、人才培训服务、管理咨询服务、创业辅导服务、市场开拓服务、政策法律服务等在内的八大公共服务平台，成为中小企业服务的平台体系。肖卫东、杜志雄（2010）认为，面向中小企业产业集群的公共服务平台具有技术生产性和技术服务性并重的职能内容结构特征，它不但承担了技术生产和技术支持的职能，同时也承担起技术服务的职能，具体服务内容包括技术创新源引进与集聚、共性和基础以及前沿技术的研发、创新成果转化扩散与应用生产化、技术创新综合服务、技术创新人才培养、市场营销和品牌运作。

可见，公共服务平台为中小企业所提供的服务内容丰富多样、领域广泛，涵盖了中小企业生产经营中的各个环节，具体来看，公共服务平台的服务内容可概括为九个服务项目，分别为技术创新服务、信息查询服务、质量管理服务、市场开拓服务、管理咨询服务、政策法律服务、人力资源服务、创业辅导服务和投资融资服务，并且每个服务项目满足中小企业的需求点不同（梁春梅，2014）。产业集群协同创新公共服务平台的服务内容包括技术创新与研发服务、质量检验检测服务、知识产权保护服务、销售与会展服务、信息交流与教育培训服务、金融担保服务等（李艳娥，2015）。

“如何服务”是中小企业公共服务平台健康成长和高效运营的关键性问题。在包括公共服务平台在内的中小企业服务机构中，服务模式主要包括自主开发服务项目、承担政府委托任务、通过组织和外购或者外包开展服务业务等（中小企业服务机构发展状况及扶持政策研究课题组，2011）。广东省中山市协同创新公共服务平台的服务模式主要有三种：一是自有团队直接服务；二是提供企业信息与交流平台；三是与第三方合作共同服务，大多数公共服务平台的服务模式在两种及以上（陈建安、王建彤等，2012）；对于中小企业需求较大、运作成本较高、投资回收时间较长的服务项目，例如，政务热线等，可以采取政府主导购买的服务模式（山东省中小企业办公室，2011）。可见，由于中小企业共性服务需求的复杂性，在现实的公共服务平台中小企业共性服务的供给中，存在多种服务模式以及多种服务模式的复合。为此，肖卫东、李瑋（2014）基于世界银行的公共服务供给分析框架，构建了公共服务平台的政府主导型复合服务模型，并分析公共服务平台的三种服务模式，分别是通过政府购买服务项目，公共服务平台代为满足中小企业的服务需求；通过自主开发服务项目，直接满足中小企业的服务需求；通过组织、引导和带动服务资源及服务机构提供服务，间接满足中小企业服务需求。

第五节　文献评述及其引申

回顾迄今为止的研究成果，对中小企业公共服务平台的相关文献很多，对其中某一个方面问题的研究更是汗牛充栋。然而着眼于转变经济发展方式、国家以及区域创新系统建设的需要和要求，以及县域经济的快速可持续发展，现有文献研究还存在一些缺陷和不足：（1）中小企业公共服务平台的内涵界定不统一，以致不同文献很难综合利用；将不同性质的中小企业公共服务平台放在一起研究，会出现不少研究成果针对性不强的问题。（2）现有研究基本集中在中小企业公共服务平台的概念和服务内容介绍、发展现状描述、类型分类和运作模式归纳、运行机制的初步探讨等方面，而对于其治理结构的制度特征及其制度行为、服务效率的衡量及其影响因素、服务效率的提升机制等问题的研究鲜有涉及，而这些问题是以后需要努力研究的方向。（3）针对某一类公共服务平台的专题研究多，综合研究少；针对某一行业、科技公共服务平台的研究较多，基于产业集群尤其是中小企业产业集群和综合服务的研究少；针对城市地区中小企业公共服务平台的研究较多，但以农村地区中小企业公共服务平台为研究对象的较少。大多数研究还只是零星的、不系统的，而对公共服务平台的研究需要系统、深入和长期思考，需要进一步提炼和升华。（4）现有文献主要从类型、功能定位、运行机制以及组织特征来描述与研究中小企业公共服务平台，主要研究传统经济条件下的中小企业公共服务平台，对网络环境和互联网经济条件下的中小企业公共服务平台进行研究的文献还比较缺乏，从治理结构视角对中小企业公共服务平台进行研究的文献更是缺乏。（5）现有研究大多局限于对中小企业公共服务平台进行理论和规范的分析和描述，少有的实证分析也仅仅是对相关问题进行简单的探讨和归纳，缺乏计量经济模型、对比分析、案例研究与理论分析相结合的研究方法，未来的研究应该综合运用多种研究方法。

中小企业公共服务平台是一个复杂的经济社会系统，可以从不同角度分析，但是基于治理结构这条“红线”能够把多角度的研究整合成一个相互支持的系统，易于更加全面和深入地研究中小企业公共服务平台的服务效率及其提升机制等深层次问题。治理结构是组织间伙伴关系的正式契约结构。中小企业公共服务平台的服务效率取决于其治理结构及其所蕴含的制度特征和行为，也取决于治理结构与产业特性、组织特性和交易环境特性的相容性，政府的作用不是干预或者设定组织形式和治理结构，而是引导和促进中小企业公共服务平台的服务创新及其可持续发展。可见，治理结构是研究和把握中小企业公共服务平台服务效率的一把关键“钥匙”；而且，治理结构可以揭示中小企业公共服务平台所具有的系统性和发展动态性的“全部图景”。

再之，环境具有塑造组织发展的效应，治理结构会受到环境的影响。在网络环境下，随着互联网经济的快速发展，中小企业公共服务平台与中小企业之间的交易环节大大减少，交易成本大幅下降；两者之间可以更加直接地进行互动，更加自由地表达个性化需求；两者之间能更好地打破交易时间限制，市场规模更大。可见，从制度经济学的视角来看，网络是与市场和层级并列的一种资源配置方式，是中小企业公共服务平台存在和发展的一种结构与形态。“网络”正在重塑中小企业公共服务平台的业务架构，使得中小企业公共服务平台具有不同于传统平台的价值链，它是一个双边市场或者多边市场，可以使多个交易实体之间同时受益。并且，在互联网经济条件下，中小企业公共服务平台表现出了与传统经济条件下不同的治理结构，从而使得不同治理结构的中小企业公共服务平台的服务效率具有差异性，需要不同的提升机制。网络环境和互联网经济为中小企业公共服务平台的创新发展提供了坚实的发展基础。学术界要更多地关注和研究网络环境下中小企业公共服务平台的服务效率及其提升机制问题。

第八章　中小企业公共服务平台的功能定位与组织创新

创新，是一个国家兴旺发达的不竭动力，是一个民族最深沉的要素禀赋和持续进步的灵魂。在激烈的国内外竞争中，唯创新者进，唯创新者强，唯创新者胜。对此，党和政府有着充分深刻的认识和前所未有的重视。2012 年，党的十八大报告提出要实施创新驱动发展战略；2013 年，党的十八届三中全会提出了全面践行创新驱动发展战略的改革纲要和方向，“要建立健全鼓励原始创新、集成创新、引进消化吸收再创新的体制机制，健全技术创新市场导向机制，发挥市场对技术研发方向、路线选择、要素价格、各类创新要素配置的导向作用”。可见，中国已经将创新驱动置于当前和未来最重要的国家战略，并强调市场在创新资源配置中的导向和决定性作用。中小企业是中国经济发展的动力所在，同时也是市场经济体系中具有较强创新活力的群体。因此，实施创新驱动发展战略，就要激发中小企业创新活力，强化中小企业在技术创新中的主体地位；就要以推进中小企业服务体系建设和优化中小企业发展环境为重点，加快建设和发展中小企业公共服务平台，以帮助中小企业实现可持续发展。中小企业公共服务平台是中小企业服务体系中的重要网络节点和政府创新公共服务供给的重要载体，有着设立的内在逻辑、独特的功能定位和组织属性。公共服务平台作为中小企业服务体系中的重要主体，是推进产业创新和企业转型的一类重要服务机构，也是中小企业服务机构的一种有效形态，更是一种服务组织创新的有效途径。

第一节　中小企业公共服务平台设立的内在逻辑

国务院《关于进一步促进中小企业发展的若干意见》（国发〔2009〕36 号）明确提出，“促进中小企业发展，是保持国民经济平稳较快发展的重要基础，是关系民生和社会稳定的重大战略任务”。可见，中小企业在国民经济中占有十分重要的地位：国民经济总量的主体、国家税收的半壁江山、吸纳城镇就业的主要载体、技术创新的生力军。但是，由于资本规模较小、技术人才较少、管理水平较低，中小企业往往是“企业公民”中的弱势群体（中小企业服务机构发展状况及扶持政策研究课题组，2011）；存在的主要问题也日益凸显：产业（产品）结构层次低，自主创新能力较差，转变发展方式迫在眉睫；企业家素质、技术和人才等创新资源的劣势凸显；融资难问题比较突出；运行环境的不确定性明显增加（姜长云、杜志雄、刘志荣，2011）。这些主要问题的存在和日益凸显，导致中小企业的快速发展与其自身的低水平技术创新、低端产业链和低端价值链锁定产生内在冲突（肖卫东、杜志雄，2010），导致企业、产业转型升级面临着严重的内生性瓶颈问题（孟祺，2013），这要求中小企业不断增强自主创新能力，以提升价值链、完善产业链、转变发展方式，实现转型升级。但是，中小企业面临的主要问题和多重困境，一方面，使得中小企业进行自主创新尤其是技术创新的内源能力和动力不足，从而导致其自主创新的市场失灵。这里的市场失灵是指中小企业在自主创新中往往愿意成为“搭便车”者，更多地愿意把创新源冀望于企业外部，即由大企业等外源主体提供创新源，自己通过模仿而加以改进应用，以减少创新投入和降低创新风险。另一方面，使得中小企业急需大量的、高质量的公共服务。公共服务具有弱外部性的特征，因为这种弱外部性，如果由企业单独提供这类公共服务将产生动力不足的市场失灵；又因为外部性涉及的范围较小、服务种类较多，如果由政府提供这类公共服务，则会产生由于缺乏消费者（包括中小企业）偏好信息和规模经济导致成本过高的政府失灵（赵永亮、张捷，2009）。再之，中小企业积极的经济社会贡献和“企业公民”弱势群体身份，要求政府政策的鼎立支持。

因此，在大型企业这个创新外源主体带动中小企业自主创新的意愿不足、能力和效果有限的情况下，中小企业公共服务需求的满足和转型升级的实现呼唤着各类服务机构的建立、发展和壮大，其中的有效途径之一就是政府主导、引导、支持和帮助建立诸如“中小企业服务中心”“生产力促进中心”“质量检验检测服务中心”“科技创新与服务中心”之类的中小企业公共服务平台。可见，中小企业公共服务平台的设立有其内在逻辑性（见图8－1）。在中小企业缺乏创新动机和能力的情况下，引入一个支持企业创新活动的服务组织是突破中小企业创新困境的一个必要条件（Bianchi，1996）。地方政府支持中小企业开展自主创新一般有三种具体形式：一是给予税收优惠等政策扶持；二是提供大力的资金支持；三是扶持建立公共服务组织（Asheim Bjorn. T.，Isaksen Arne，Nauwelaers Claire and Todtling Franz，2003）。尤其是在产业集群中，启动集群企业自主创新活动是促进集群企业自主创新能力形成和提升的一种重要机制，就是设立面向集群企业的公共服务平台（Smedlund A and Toivonen M，2007；王珺、岳芳敏，2009）。面向产业集群加强公共服务平台建设，把公共服务平台建设和发展与中小企业集群化发展紧密结合起来，是增强集群创新绩效和改善中小企业经营绩效的重要路径（杜志雄、肖卫东，2010）。

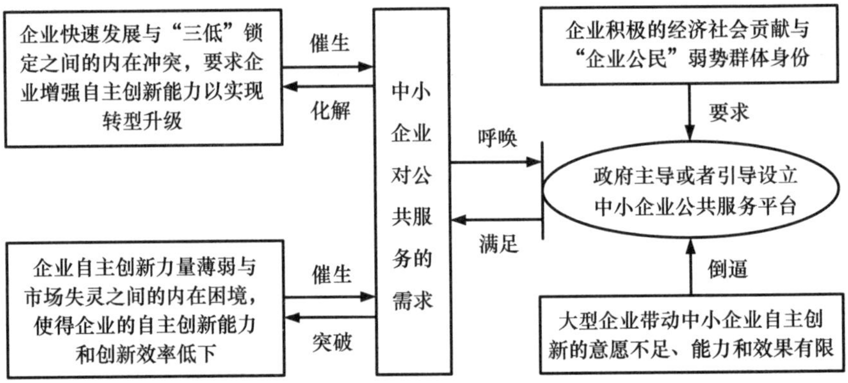

图8－1　中小企业公共服务平台设立的内在逻辑性

注：“三低”锁定是指低水平技术创新锁定、低端产业链锁定和低端价值链锁定。

第二节　中小企业公共服务平台的功能定位

由图8－1可以看出，中小企业公共服务平台是中小企业与政府、社会服务资源之间的联系纽带，以服务中小企业为目的，为中小企业的创立、生存和发展提供多层次、多渠道、多功能、全方位的公共服务，根本宗旨在于促进中小企业自主创新、产业结构优化升级和区域经济增长。包括工业技术研究院在内的中小企业公共服务平台在推动产业创新中有四两拨千斤的杠杆作用、跨越创新鸿沟的桥梁作用等（吴金希、李宪振，2013）。当前，在各地的发展实践中，公共服务平台已成为中小企业寻求公共服务的第一门户和第一窗口，公共服务平台的功能定位有（见图8－2）：

1．通过公共服务平台的独特性质和运作模式直接为中小企业提供多样化、便利实惠的公共服务，以弥补中小企业自主创新的“市场失灵”

公共服务平台一般按照两条路径为中小企业设计、提供系列服务项目：一是以中小企业生命周期为主线，服务项目覆盖到了中小企业从孵化、初创、成长、稳定和衰退各个生命阶段；二是以满足中小企业的基本服务需求和个性化服务需求为主线，服务项目包括技术创新、信息查询、质量管理、市场开拓、政策法律、人力资源、创业辅导、投资融资和管理咨询等。具体的作用表现有：整合政府和社会的各类科技与创新资源，搭建支持、推动中小企业科技进步和自主创新的服务载体；制定行业、产品和服务标准，强化行业自律，为中小企业的生产经营

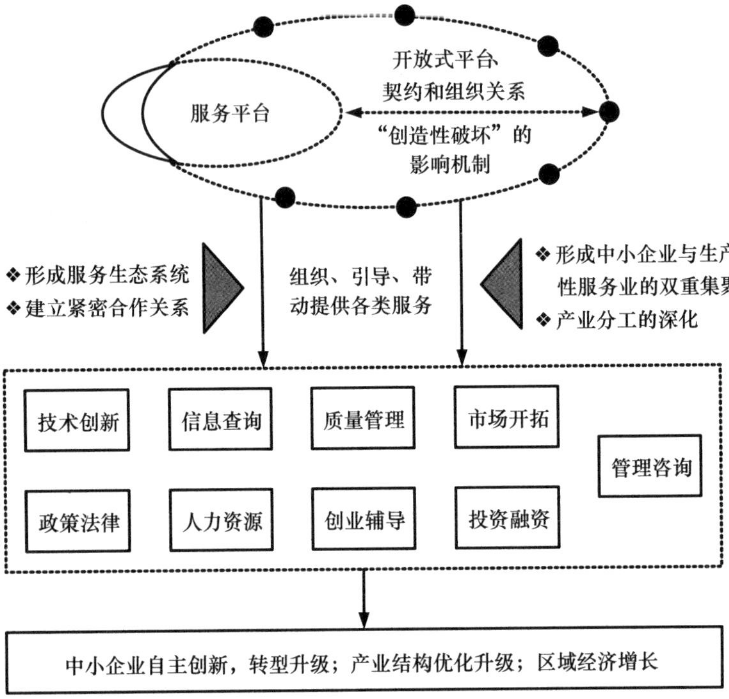

图 8－2　中小企业公共服务平台的功能定位

注：图中的黑色圆点表示政府部门、各类服务资源和服务机构。

和管理活动提供良好的市场秩序；推动科研院所技术创新成果的市场化、产业化，支持企业品牌、行业品牌和区域品牌的打造和传播；整合各类培训资源、利用同各类培训机构的广泛联系，组织培训机构和相关专家为中小企业各类人员开展各类培训，帮助中小企业解决经营管理粗放等问题；建立良好的技术创新成果维权机制和知识产权保护制度，为中小企业提供专利申请、商标注册、产权纠纷处理等服务，推动知识产权的有效保护和企业合法权益的维护；帮助和支持中小企业进行信息化建设，强化信息化对企业产业链升级和转型发展的带动和支撑作用；沟通政府、社会组织与企业的联系，向政府有关部门反映中小企业情况和面临的问题，配合政府有关部门落实中小企业扶持政策，为完善、贯彻落实国家和地方政府的中小企业扶持政策提供参谋、纽带作用。

2. 通过建立操作层次上的开放式平台和契约、组织关系，充分发挥公共服务平台的创新导向和示范作用，组织、引导、带动政府部门、各类服务资源和服务机构进行跨界合作，为中小企业提供整合性服务

整合性服务是公共服务平台为了应对中小企业服务需求复杂性、多样性和异质性的要求，通过与政府部门、各类服务资源和服务机构之间建立合作伙伴关系，不断创新服务供给机制，以提高服务品质和回应性。具体路径有：（1）构建和实施平台共享和模块化战略，将中小企业急需的各种服务资源集成在一个综合服务体系中，形成一个面向产业（区域）、贴近企业、集聚资源、集成服务的“服务生态系统”。公共服务平台作为一个经济组织，具有独特的功能和建构，并可使得以前没有合作关系，或者原来处于弱连接的各类服务资源及服务机构有机地凝聚、融合成一个服务网络系统；或者打破各类服务资源及服务机构之间竞争与合作的原有均衡结构，形成新的服务生态系统。（2）优化与政府部门、各类服务资源和服务机构之间的合作结构，建立与政府部门、各类服务资源、服务机构之间的可持续性的紧密型合作关系。各类服务资源和服务机构包括行业协会（商会）、金融机构、培训机构、科研院所、社会化服务中介机构（例如，会计师事务所、律师事务所、企业管理咨询公司、会展服务公司，等等）。其中，与政府部门建立合作

关系的途径有承担政府委托服务项目、政府购买服务项目、争取政策支持等。（3）通过构建科学合理的运行机制，使得跨界合作模式在结构上克服中小企业服务提供的分散化和碎片化困境。建立跨界合作的协同机制将碎片化、分散化的服务资源整合到连续统一体中，以形成服务资源集聚的规模效应；建立跨界合作的共享机制优化服务资源配置效率，以形成中小企业服务提供的联动性结构和竞争性网络；建立跨界合作的动态传输机制提升中小企业获得各类服务的可及性和公平性，以形成服务输送与中小企业之间的动态联结通道。

3. 通过具有熊彼特意义上的“创造性破坏”影响机制，促进生产性服务业发展的“星星之火、燎原之势”，形成培育和发展服务经济的重要网络节点

“创造性破坏”表现为，公共服务平台的服务供给类似于向生产性服务业提供了“新产品”“新技术”等，改变了各类服务资源和服务机构发挥服务供给功能的机会和组织方式，使得降低服务供给成本、提高服务供给效率、提升中小企业经营绩效的帕累托改进得以实现。具体的“创造性破坏”影响机制有：（1）依赖于公共服务平台提供公共服务的各类中小企业汇集形成产业集聚或者产业集群；同时，公共服务平台催化形成生产性服务业集聚区，因为，依托公共服务平台而集聚，相应生产性服务资源和专业化服务机构的服务功能可以得到更有效的发挥，或者更有效率。如此，借助于公共服务平台，中小企业与生产性服务业之间就可以实现跨层面的协同发展，创造出类似于网络产业组织中典型的“鸡生蛋、蛋生鸡”的正反馈协同效应（Tee R. and Gawer，2009）。（2）公共服务平台尤其是

公共服务平台催化的中小企业集聚和生产性服务业集聚引发产业分工的深化，一是服务产业内的分工深化，二是制造业与服务业的产业间分工深化。在中国的现代农业发展中，各种形式的农业地理集聚区、各种类型的农业科技示范园和示范推广基地等，已成为发展农业生产性服务业的重要平台和网络节点（肖卫东、杜志雄，2012），成为农业分工利益实现和分工效率改善的空间实现（肖卫东，2012）。

第三节　中小企业公共服务平台的组织属性与组织创新

由上述公共服务平台设立逻辑和功能定位的分析，我们可以看到：（1）公共服务平台的建设和发展，有些由政府主导，大多都得到了政府的积极推动和大力扶持；公共服务平台独立于行政部门，不具有行政管理职能，与科研院所、社会中介服务组织互为补充、相互支持、协调发展。这说明公共服务平台具有很强的公益性，承担着执行公共政策的重要职责，政府通过一系列的基于满足中小企业共同需求的制度安排来主导和引导公共服务平台向中小企业提供具有公益性质的各类服务。2010 年，在山东省的 928 家中小企业公共服务平台中，事业法人单位、民办非企业法人单位 316 家，占全部公共服务平台的 34.05%，这决定了公共服务平台的公益性质。公共服务平台的公益特色内含着对政府有关部门公共服务的一种承接。从这个角度来看，公共服务平台其实是一种制度安排，这种制度安排有助于促进社会资源优化配置和专业化分工协作，形成社会化、市场化、专业化的中小企业公共服务体系和长效机制，从而建立和完善满足中小企业发展需求的服务支撑体系和良好外部环境。(2) 在市场经济条件下，公共服务平台面临着双重市场压力：一是为中小企业提供较强适应性的优质服务；二是在政府支持基础上形成自我发展能力。同时，公共服务平台的快速发展和高效运营，需要持续性的大量资金投入，如果资金投入完全由政府负责，则一方面会给地方政府带来沉重的财政负担，另一方面，会使得公共服务平台对公共资源产生更大的依赖性，导致缺乏市场激励和失去自我发展能力，其结果是公共服务平台的服务绩效也会受到严重影响。因此，在政府投入有限的情况下，公共服务平台通过市场化运作，在为中小企业提供各类优质服务时收取合理费用，会产生三重效应：一是弥补基本开支、积累自我发展资金；二是为公共服务平台提供市场激励，激发其不断丰富服务内容，提高服务质量；三是很多服务可以通过市场拓展形成规模收益，这可以降低公共服务平台提供服务的单位成本，从而降低服务价格，增强中小企业所需服务的市场可得性。这是公共服务平台的市场性方面，也是其生命力所在，这要求充分发挥市场机制在服务资源配置中的基础性作用，实现公益性服务与市场化服务相互促进、融合发展。

综上分析可得，公共服务平台具有独特的组织属性，是服务组织创新的一种有效途径和形态。(1) 公共服务平台是一个具有公益性和市场性双重属性的准公共组织。这类准公共组织的基本特征是以执行公共政策或履行指定公共职能为主要职责，通过服务收入来满足其基本开支的组织（Moe，2004）。公共服务平台兼具企业（市场）和政府的双重优点，能同时运用价格机制和权威机制配置服务资源，发挥着重要的公共服务治理功能。山东省TZ市机械制造业生产力促进中心就是这样的一类准公共组织，该公共服务平台坚持“政府主导、市场化运作”、公益性服务和市场化服务相结合的运作模式进行运营，具有政府、市场和技术创新源等多重优势（肖卫东、杜志雄，2010）。该生产力促进中心由TZ市政府投资建设，日常管理和运营采取市场化运作，营利性服务实行项目管理，经费自理，主要来源于各项技术服务收入、技术创新成果转让收入、承担政府和企业的研究项目经费；非营利服务，例如，科技企业孵化服务、高级专家部分免费为企业服务等，政府每年给予一定的资金补助，以补充其活动经费不足和提高其服务积极性。浙江省宁波市“8718”中小企业公共服务平台也是一家完全按照市场化运作的公益性中小企业服务机构，“8718”的谐音是“帮企一把”，主要目标是整合政府服务资源和社会服务资源，切实为全市中小企业提供服务，帮助中小企业解决发展中的现实难题。“8718”的最大特色是“上承政府，下接企业”，政府对其建设和服务提供两类财政补助：一是建设补助，结合“8718”申报年度实际投资额和服务绩效情况，给予8%—10%的财政补助，最高补助金额为100万元；二是示范补助，宁波市经济和信息化委员会组织专家评选出服务功能完善、服务绩效突出的示范公共服务平台若干个，给予每家示范公共服务平台10万元的财政奖励。“8718”坚持以公益为依托、以市场为驱动的发展理念，既体现了其公益服务特色，也体现了其积极主动性和市场性。

（2）以上列举的两个案例表明，中小企业公共服务平台是中小企业服务跨界合作网络中的枢纽型组织，一头联结着政府部门，一头联结着大量的服务卫星组织，是中小企业公共服务分工的重要载体。公共服务分工是指政府在建设服务型政府的过程中，一方面要强化其公共服务职能和财政责任；另一方面要充分发挥市场、社会作用，通过发展公共服务规划者和生产者的专业优势，以形成公共服务的合作供给网络，包括初次分工和二次分工（吴玉霞、郁建兴，2011）。因此，从公共服务分工理论来看：中小企业公共服务平台在中小企业公共服务初次分工中扮演着服务生产者角色。中小企业公共服务平台与政府有关部门建立了公私合作伙伴关系，其中，政府有关部门的角色为规划者和出资者，公共服务平台的角色为服务生产者。中小企业公共服务平台是中小企业公共服务二次分工的重要载体。公共服务平台一方面可以直接生产服务以满足中小企业的部分服务需求；另一方面，还承担和发挥着发现服务需求、整合服务资源、对接服务信息、联结服务供求等职能。公共服务平台不是政府部门，却能和政府有关部门建立紧密的公私合作伙伴关系，成为政府有关部门向中小企业提供公共服务的通道。大多数公共服务平台不是企业，却能组织有关专业化服务企业进行批量和异质性服务的生产和提供。公共服务平台不完全是社会志愿组织，却能与各类社会志愿组织密切联系和建立合作伙伴关系，动员社会志愿组织参与服务生产、为中小企业提供服务。

第九章　中小企业公共服务平台的服务内容及其产品属性

“平台”的概念最早出现在新产品开发的研究文献中（Wheelwright S. C and Clark K. B，1992），通常指一种在技术、产品、交易系统中具有基石作用的建构区块。给定这种建构区块，大量相互具有技术、组织、产品关联的企业可以据以集聚、分工、衍生、竞争与合作（Tee R. and Gawer，2009）。“平台”后来广泛应用于中小企业的资源整合、网络构建与整合、技术创新、创业组织、产业集群等领域，形成中小企业公共服务平台。公共服务平台包括行业协会平台、中介机构平台和公共研发创新平台等，其中，公共创新技术平台的职能主要体现在技术指导、产学研结合、成果扩散与传播等方面的作用（孟祺，2013），对于转变企业、区域经济发展方式作用重大。在农村地区，也可见大量农产品行业协会平台、中介机构平台和农业科技研发平台等公共服务平台，其中，农业科技研发平台的职能主要体现在农业技术指导、产学研结合、成果扩散与传播等方面的作用，对于转变中小企业、农业区域经济发展方式作用重大。可见，中小企业公共服务平台旨在满足中小企业的共性服务需求，其所提供的服务内容具有开放性、应用性、公益性和便利性等特征。鉴此，本章以公共产品理论为依据，对公共服务平台的服务内容进行产品属性分析。

第一节　公共产品的类型及其特征

在经济学的经典理论中，用于分析产品属性的主流理论是公共产品理论。Samuelson（1954）最早采用分法，按个人消费量与总消费量之间的关系将产品分为私人产品和公共产品。私人产品的总消费量等于个人消费量之和，而对于公共产品而言，个人消费量等于集体消费量。公共产品的这一特性内含了“三零”成本条件：一是“黑板经济学”交易成本为零的条件，也就是说，政府完全了解每一个消费者对公共产品的偏好，且获取消费者偏好信息的成本为零（李政军，2009）。二是边际生产成本为零的条件，在现有公共产品供给水平不变的情况下，新增消费者不需要增加供给成本。每个人对公共产品的消费，并不减少其他消费者对公共产品的消费。三是边际拥挤成本为零的条件。任何人对公共产品的消费不会影响其他人同时享用该公共产品的数量和质量，即消费的匀质性。显然，消费的非竞争性是界定公共产品的一个重要属性。

消费的非排他性是界定公共产品的另一重要属性。排他性是一种产权属性，它“实质上是产权主体的对外排斥性或对特定权利的垄断性”（袁庆明，2011）。因此，排他性就是产权主体界定和权利垄断程度的函数，公共产品就是指那些在产权主体界定清晰且技术上不可排除性或排除成本很高的产品。

以产权私有为基础，以产品是否可以在自由竞争的市场机制中实现最优配置为标准，马斯格雷夫将产品分为公共产品、有益产品和私人产品，公共产品是政府在尊重了消费者的个人意愿和消费偏好的前提下提供的产品，“有益产品”则是政府根据自身的需要，在不考虑消费者的个人意愿和消费偏好的前提下强制个人消费的产品（詹姆斯·M. 布坎南、理查德·A. 马斯格雷夫，2000）。可见，马斯格雷夫提出的公共产品，在客观上具有技术上的不可排除性或排除成本较高的特性，体现了消费的非竞争性和受益的非排他性的特点。

以产权共有为基础，以产品的供给方式为研究视角，布坎南提出了“俱乐部理论”（Buchanan，1965），他将“俱乐部”视为产权共有或者集体产权的一种制度安排，特指一种消费所有权。俱乐部会员成员具有相同的消费意愿和偏好、分摊相同的成本和收益，且俱乐部排除非会员成员的成本等于零（巴泽尔，2006）。由此，俱乐部会员成员的数量可以是一个到无数个的任意量级，俱乐部所提供的产品，既包括会员成员数量为一个时的私人产品，亦包括会员成员数量为无数个时的纯公共产品。俱乐部产品可以适应从纯公共产品到私人产品的连续集合上的任意一点，俱乐部产品具有部分的非竞争性和非排他性的特点。可见，俱乐部产品是一种介于公共产品与私人产品之间的产品，具有消费的部分竞争性、排他性和外部性的特点，是一种“集团公共性”的准公共产品（巴泽尔，2006）。根据消费的竞争性和受益的排他性程度不同，准公共产品又可分为两类：一类是具有排他性和非竞争性的俱乐部产品；另一类是具有非排他性和竞争性的公共池塘产品（埃莉诺·奥斯特罗姆，2000）。按此分类原则，产品可分为纯公共产品、俱乐部产品、公共池塘产品和私人产品四大类。

当然，仅以“非竞争性和非排他性”作为判断产品属性的标准是片面的，因为，（1）非竞争性和非排他性在一定程度上首先表现为产品的技术特性，新技术的开发和利用可以大大降低产品的供给成本和排除成本，导致公共产品与私人产品之间的转换较为容易。（2）产品提供模式、商业运作模式的转变会吸引大量新增消费者，产品市场规模扩大，总收益增加，而新增消费者的单位边际成本可能为零，这会使得原来由政府提供的公共产品变得有利可图。（3）公共产品的一个重要目标是满足社会成员的共同需要，以弥补市场失灵。因此，能带来总的社会利益增加的产品都应该属于公共产品和准公共产品的范畴。

第二节　中小企业公共服务平台的服务内容及其满足中小企业的需求点

根据《关于促进中小企业公共服务平台建设的指导意见》中关于公共服务平台主要服务功能的界定、公共服务平台发展的实践，目前，公共服务平台为中小企业提供的服务内容达20多个品种，包括管理咨询、政策服务、创业辅导、投融资服务、信用评价、人员培训、法律服务、技术服务、信息查询等。有的公共服务平台能同时开展十多项服务内容（这类公共服务平台一般为综合性公共服务平台），有的公共服务平台只能开展1—2项服务内容（这类公共服务平台一般为专业性公共服务平台），不同公共服务平台提供的服务内容数量差距悬殊。在公共服务平台提供的服务内容中，最受中小企业欢迎的是政策信息服务、人员培训和技术服务等公共性服务（山东省中小企业办公室，2011）。总的来看，公共服务平台为中小企业所提供的服务内容丰富多样、领域广泛，涵盖了中小企业生产经营中的各个环节。具体来看，公共服务平台的服务内容可概括为以下九个服务项目，并且每个服务项目满足中小企业的需求点不同。

第一类服务项目是技术创新服务。这类服务项目主要着眼于促进中小企业技术进步和增强自主创新能力，近距离、面对面地为中小企业提供共性技术需求和个性化的技术创新需求。开展行业和专业基础性技术、前沿性技术、共性技术、关键技术和先进适用技术的研究，主持或者参与制定技术标准。建立和完善公共性、公益性研究成果的共享机制。建立研发和技术推广应用中心，开展新产品、新材料、新工艺、新设备、新技术的研发，并在中小企业中推广应用。帮助、引导中小企业研发新产品、新流程、新技术、新工艺等，增强自主创新能力，以形成具有自主知识产权的产品和技术。开展工业设计服务，为中小企业提供产品设计、装帧设计、环境设计、展示设计、创意工业设计、广告设计、包装设计、企业形象设计、设计管理等服务。开展节能降耗技术、清洁生产技术、污染防治与环保等技术的应用服务。推动产学研联合，建立产业技术创新战略联盟，促进技术创新成果的传播、转化，解决行业和产业共性技术难题。

第二类服务项目是信息查询服务。这类服务项目主要着眼于提高中小企业生产经营与管理的信息化程度，为中小企业提供具有较强公信力的信息服务，为中小企业的快速、健康和可持续发展提供信息支撑，让企业“无所不知”，推动信息化与工业化的相互促进、相互协调和深度融合。充分利用网络经济，建设面向中小企业的信息服务网，以有效发挥网络资源优势和信息服务优势，为中小企业提供法律法规、政府政策、市场供求、投融资等各类信息服务，构建面向中小企业的信息服务体系。引导和帮助中小企业建立和完善各类信息库，如优秀人才库、技术成果转让库、中小企业项目库等。大力加强国内领先、安全可靠、多网融合的信息基础设施建设，提高网络性能。拓宽和考核信息来源和传播的渠道，提高信息准确性、及时性和有效性。建设中小企业征信系统，规范和维护市场秩序。不断拓展信息服务领域和方式，根据中小企业的差异化信息需求提供定向化、个性化的信息服务。

第三类服务项目是质量管理服务。这类服务项目主要着眼于提高中小企业产品的质量安全水平，加强安全、品牌、质量和标准体系建设，增强市场竞争力，为中小企业提供全套、高端的质量检测和质量管理服务。开展集产品研发、中试、技术改造、进货验收、出厂检验于一体的公共检测服务，接受中小企业的委托检测。推广先进质量管理方法、技术标准、流程标准、产品标准和服务标准。指导和帮助中小企业建立和健全质量监管体系、标准化体系、检验检测体系、质量可追溯体系、召回退市制度等。为中小企业提供质量管理人员的培训服务。帮助中小企业申请国内外各种层级的质量体系认证和产品认证，例如，有机农产品认证、无公害农产品认证和绿色农产品认证等，参与国际、国家级和省级质量评奖活动。建立“品牌培育基地”，为中小企业申报品牌提供咨询服务和代理服务；利用各种媒体和各类会展，帮助中小企业推介品牌。

第四类服务项目是市场开拓服务。这类服务项目主要着眼于扩大中小企业产品的市场广度（主要指市场空间范围和需求规模）和增强市场深度（主要指拓宽市场营销渠道、优化市场交易环境和提高市场交易效率），为中小企业提供全方位的市场开拓服务。组织开展各类展览展销、商贸洽谈、产品推介与论坛、经济技术交流与合作等活动，为中小企业搭建一个“展示、交易、交流、合作”的平台。建立电子商务公共服务平台，为中小企业提供产品展示、网上交易、广告宣传、咨询洽谈、网上销售、网上支付、电子账户、交易管理等服务。组织中小企业参加国内外各类产品交易会、供求洽谈会、展览展销会和商务考察活动。帮助中小企业建立与应用电子商务平台、建立和拓展营销网络、制定和优化营销策略、创新营销方式和商业模式、拓展营销渠道。帮助中小企业制定“走出去”发展战略，支持中小企业“走出去”，为中小企业提供国际交流机会，搭建国际合作平台，开拓国际市场。指导中小企业参加政府采购项目投标等活动。

第五类服务项目是管理咨询服务。这类服务项目主要着眼于推动中小企业管理制度创新、提高管理水平、增强管理能力，破译成长烦恼，为中小企业提供系统、专业、多层次、全方位的管理咨询服务。建立中小企业管理咨询公共服务平台或者服务热线，免费为中小企业提供在线咨询服务，为管理咨询服务机构与中小企业之间搭建供需对接平台。实施中小企业管理提升计划，组织信誉好和实力强的管理咨询服务机构、优秀职业经理人、专家学者、志愿服务人员等，为中小企业的战略管理规划、组织结构优化、业务流程再造、人力资源管理、财务管理、市场营销、组织文化建设等方面提供管理诊断和咨询服务，以帮助中小企业建立健全现代企业制度，促进中小企业体制和机制转变。帮助中小企业学习、掌握和应用现代管理知识、方法、工具和技能，以增强中小企业的科学决策和管理能力。

第六类服务项目是政策法律服务。这类服务项目主要着眼于解决中小企业政策和法律意识淡薄、法律人才缺乏的问题，为中小企业提供全天候的、精确的、权威的国家和地方政府政策、法律法规解读和咨询服务，为中小企业保驾护航，以实现依法经营、正当维权、规避涉法风险。建立国家和地方政府政策性文件、法律法规的发布平台，设立政策、法律法规咨询公共服务平台和热线，组织专业服务机构、专家学者和志愿专业人员为中小企业提供免费的关于政策、法律法规的解读和问题解答等咨询服务。组织法律服务机构，为中小企业提供法律顾问服务，开展法律知识宣传和传播、法律解读与咨询、法律维权与援助等法律服务。建立知识产权服务平台，帮助中小企业申请专利，引入知识产权咨询、代理、评估、交易等中介服务机构，为中小企业提供专利信息检索、分析、预警、专利代理、知识产权维权援助等服务，以提高中小企业知识产权创造、运用、保护和管理水平。

第七类服务项目是人力资源服务。这类服务项目主要着眼于解决中小企业的人才瓶颈、提高人员整体素质，为中小企业提供精细化的人力资源服务，提供智力支撑和人才保障。建立中小企业人才交流市场，推动网上招聘，为中小企业搭建和拓宽人才，尤其是高层次人才的引进渠道。整合培训资源，引进各类专业培训机构，建立人才培训基地，为中小企业高层管理者、专业技术人员、一线员工提供素质与能力培训。促进人才交流。加强中小企业培训师资队伍建设，建立和完善中小企业培训师资库及培训课程库。广泛推广与使用网络课堂教育、远程教育、电化教育等新型培训手段，不断增加、更新培训项目、培训内容。建立中小企业培训需求知识库和反馈机制、人才培训考核评估机制和培训经费补助制度。帮助中小企业制定科学合理的部门和人员绩效考评体系，为中小企业提供职业技能鉴定服务。

第八类服务项目是创业辅导服务。这类服务项目主要着眼于解决创业中的各种困难、帮助初创企业健康快速发展，为创业人员和初创企业提供给全程、“交钥匙”的创业辅导服务。综合运用国家的促进就业政策，整合政府有关部门和社会服务资源，建立汇集创业项目征集和推介、创业扶持政策和法律法规咨询、创业知识和技能培训、代理代办等服务功能于一体的长效工作机制。为创业人员尤其是大学毕业生提供创业信息、商务计划书编制培训等，提供工商登记、税收、环保、员工社会保险等政务代理和相关行政许可申报服务。为初创企业提供管理咨询、运营诊断、市场营销与商业模式、财务与会计、投资融资、纳税申报、法律援助等创业辅导服务和创业场地，帮助初创企业度过创业艰难期。帮助创业人员和初创企业获得政府的土地、人才、财税、科技等方面的政策支持。建立初创企业与同行业成熟企业之间的交流、合作、互助机制，提高创业成功率。建立创业项目库，为创业人员提供项目服务。

第九类服务项目是投资融资服务。这类服务项目主要着眼于破解中小企业的融资难困境，改善融资环境，拓宽融资渠道，增强融资能力，为中小企业提供多层次、优质、优惠、便捷的投资融资服务。为中小企业的招商引资、风险投资等提供市场机会，帮助中小企业引进战略投资者，优化股权结构。建立中小企业融资公共服务平台，为中小企业提供融资咨询、资本整合及运营、财务顾问、受托资产管理、上市辅导、银行贷款指导、信用评价、小额信贷、融资担保等中介服务。整合各类金融资源、金融市场要素和生产性服务资源，采集形成金融机构信息和金融产品数据库、融资担保机构基本情况数据库、会计师事务所等融资咨询服务机构信息数据库；收集中小企业各方面的信息，采集形成中小企业基本情况数据库和信用信息数据库，建立网上金融超市，为金融机构、担保机构和中小企业发布融资供求信息。积极开展银企对接活动，联系和引导各类融资服务机构为中小企业融资提供有效服务。帮助和指导中小企业申请各类创业投资基金和产业投资基金。公共服务平台在提供这类服务时，关键是要用普惠金融理念搭建新的、多层次的中小企业外源融资体系（邢乐成、王延江，2013）。

企业家精神是中小企业创业创新的智力资源、资本保障和精神源泉（王敏，2012），公共服务平台通过提供以上服务项目，还有助于中小企业培养企业家精神。

第三节　中小企业公共服务平台服务内容的产品属性

一　服务内容的存在基础和本质：中小企业共性需求

中小企业服务机构发展状况及扶持政策研究课题组的调查结果显示，目前我国中小企业的公共服务需求主要包括两个方面共七项内容：一是生产要素方面的内容，包括企业融资、人力资源和技术支持；二是公共服务方面的内容，包括市场准入、信息服务、社会化服务、企业维权（中小企业服务机构发展状况及扶持政策研究课题组，2011）。当前，中小企业急需的重点服务需求主要包括以下八项：政策服务、市场开拓、信息服务、技术服务、管理咨询、融资服务、人力资源、法律服务。而公共服务平台正是立足区域或者行业内中小企业的商务、政务、中介服务等方面的共性需求。这说明，公共服务平台提供的服务内容是为了满足中小企业的共性需求，尤其是解决中小企业发展中的现实问题和共性技术难题。因而，中小企业的共性需求是服务内容的存在基础和本质，服务内容的决定性因素是中小企业共性需求，服务内容的提供要以社会公平和满足中小企业的共性需求为目标。

二　服务内容的公益性、消费的非竞争性和排他性

公共服务平台在更大范围内为中小企业提供各类公共服务，以改善公共服务的供给状况，优化中小企业的发展环境。这说明，一方面，公共服务平台提供的服务内容具有公益性特征，

公共服务平台在提供公共服务的过程中不应单纯以追求利润最大化为目标。大多数公共服务平台提供的法律服务、政策信息发布及解读、权益保护、创业辅导、人员培训等，大都为公益性服务项目，这些公益性服务项目可以申请国家及地方的财政补贴。另一方面，公共服务平台提供的公共服务可以同时面向区域或者行业内的所有中小企业，这是所有中小企业的一种集体受益机会，因而，公共服务平台提供的服务内容在消费上具有非竞争性。尤其是公共服务平台提供的政策信息及解读和法律的咨询服务等信息服务在受益上具有非排他性，因此这一类产品可划为纯公共产品。但是，网络平台服务的中小企业数量的增多，增加了中小企业的参与度，提升了网络平台自身的市场价值，为公共产品向私人产品转向提供了条件。另外，中小企业在享有技术创新服务、市场开拓服务、创业辅导服务和投融资服务等内容（尤其是其中的一些个性化服务、定制服务、高端服务）往往也要付出一定代价，例如，投入一定资金、支付一定的培训费、检验费或者认证费、使用费、会员费、在线服务费等，因而，公共服务平台提供的服务内容在消费上具有排他性。例如，公共服务平台开发的新产品就具有消费上的排他性，公共服务平台自主开发的每一个新产品只能卖给一个中小企业，而不能连续转让。基于收费的排他性机制对服务内容的供求会带来四重有利影响：一是改进公共服务平台的服务内容和服务行为；二是增加公共服务平台服务内容的供给及其供给的可持续性；三是提高中小企业从与公共服务平台的每一次交易中获得更好服务的警惕性和关注度；四是促使中小企业对其服务需求做出更好的选择。

三　服务内容消费的非匀质性

因为不同中小企业所属的产业类型和产业地位各异、所生产的产品属性差异很大，这使得不同中小企业的公共服务需求差异化较大，需求重点和需求结构不一样。基于服务性质，公共服务平台提供的服务内容主要可以分为共性服务和非共性服务两类（肖卫东、杜志雄，2010）。非共性服务是指只适用于某一个中小企业需求的服务，例如，新产品和新工艺的研究与开发服务、政府委托的专项服务、设计创意服务、企业定制服务、孵化企业服务等；共性服务是指可以适用于大多数中小企业需求的服务，例如，信息查询服务、创业辅导、人力资源服务、管理咨询服务、质量管理服务、市场开拓服务等。一般来说，具有一定自主创新能力或者能力较高的中小企业更期望公共服务平台提供共性服务，而缺乏自主创新能力的企业则更期望提供非共性服务，尤其是提供新产品和新工艺（肖卫东、杜志雄，2010）。可见，公共服务平台供给的服务内容还具有消费上的非匀质性特征，即中小企业对某些服务内容在消费品质和消费数量上具有非均等性，这会导致中小企业对服务内容的消费存在消费不足和消费过度现象。

消费不足主要表现在两个方面：一是中小企业对优质、高端服务资源和服务内容的争夺或者竞争，因为，优质、高端的服务资源和服务内容直接关系到中小企业的健康发展和快速成长、决定着中小企业的转型升级；二是在排他性条件下，一些经营状况较差的中小企业可能因难以支付高额的会员费或者服务费，而失去消费优质、高端服务内容的机会。前者可谓之

“享受服务难”，后者则可谓之“享受服务贵”。消费不足意味着服务内容的公益性没有得到基本保证。消费过度则表现为一些中小企业依靠与政府部门、公共服务平台所建立的紧密关系，或者通过支付更高的服务费，过度占有和过度消费公共服务平台提供的一些优质、高端服务资源和服务内容。消费过度意味着公共服务平台对一些中小企业实施歧视性待遇，同时也意味着服务资源和服务项目利用的低效率，甚至浪费。

四　服务内容的产品属性界定

综上分析可得，公共服务平台向中小企业提供的服务内容旨在满足中小企业的共性需求，具有消费上的公益性、非竞争性、排他性和非匀质性特征。大多数公共服务平台都坚持“政府主导（引导）、市场化运作”、坚持“非营利服务与市场化服务相结合”，在中小企业服务需求的供给中承担着弥补市场失灵和政府失灵的双重功能。Doner and Schneider（2000）将商会和行业协会弥补政府失灵的功能称为“市场支持”活动，弥补市场失灵的功能称为“市场补充”活动。借鉴上述“市场支持”和“市场补充”理论，如果我们将公共服务平台视为中小企业发展环境改善和优化中不可缺少的制度安排，将其治理功能视为其向中小企业提供的服务，则可将公共服务平台弥补政府失灵的功能称为“市场支持”活动，这类活动的主要目的是游说政府提供或者改善有利于中小企业发展的公共产品，如政策信息、产权保护、财税政策等，这类似于蒂博特（Tiebout，1956）所提出的地方公共产品（服务），其消费具有非排他性和不完全的非竞争性；可将公共服务平台弥补市场失灵的功能称为“市场补充”活动，这类活动的主要目的是通过制定行业标准和规范，向中小企业提供市场信息、人才培训、质量管理、管理咨询、技术咨询等服务，这类似于布坎南所定义的俱乐部产品（服务），其消费具有排他性（只有注册为公共服务平台会员的中小企业才能消费）和弱的非竞争性（当公共服务平台的注册会员规模超过一定范围后对服务的消费会产生拥挤效应）。

根据公共产品理论，在消费上具有公益性、非竞争性、排他性和非匀质性的产品，属于准公共产品的范畴。从广义上看，上述地方公共产品和俱乐部产品均可归类为准公共产品。因此，公共服务平台提供的服务内容具有准公共产品的属性，公共服务平台的存在价值就是建构准公共产品为中小企业享用，通过向中小企业提供一个相对稳定、协调和信息充分的服务环境，以提高市场效率和改善中小企业经营绩效。其中，行业公共服务更接近于纯公共产品，例如，具有广泛性、通用性、共享性的基础研究等研发支持、政策信息和咨询、人员培训、一般性创业服务、服务热线等，这些服务项目的非排他性、非竞争性越高，就越具有公共产品性质；俱乐部服务则更接近于私人产品，例如，管理咨询、量身定做的融资方案、创业项目策划等个性化服务项目、定制服务项目和增值服务项目，这些服务项目属于或者接近于商业化项目，排他性、竞争性越高，就越具有私人产品性质。在公共服务平台内部，俱乐部服务和具有公共产品性质的服务之间存在互补与竞争的双重关系。从互补关系来看，俱乐部服务有助于强化公共服务平台的合作机构参与提供公共产品的动机；某些公共产品的提供可以带动中小企业对俱乐部服务的需求，例如，政府授权公共服务平台对中小企业会计从业人员的资格进行认定，则会引致中小企业增加对公共服务平台会计培训的需求；某些俱乐部服务与公共产品之间可以相互转化，例如，公共服务平台接受某中小企业委托制定质量标准，该质量标准经政府授权后被推广到全行业，则该质量标准就由俱乐部服务转化成了公共产品。从竞争关系来看，公共服务平台俱乐部服务和公共产品的提供在服务资源的配置和使用上会产生竞争。

第十章　中小企业公共服务平台的服务模式：一个政府主导型复合服务模型

中小企业公共服务平台是指为中小企业群体提供各类共性服务的经济组织，具有开放性、应用性、公益性、有偿性和便利性的特征（王健翔、王晓红等，2009）。近年来，国家一直把建设和发展面向区域、产业集群和行业中小企业的公共服务平台作为建立区域创新体系、有效启动中小企业自主创新、提升产业集群整体创新能力的重要路径（肖卫东、杜志雄，2010），有效地支撑着中小企业和区域经济发展。2011 年 9 月，工业和信息化部公布的《“十二五”中小企业成长规划》中提出，“十二五”期间，我国着力实施中小企业公共服务平台网络建设工程，支持建设和完善 4000 家中小企业公共服务示范平台，重点培育 500 家国家中小企业公共服务平台示范平台；到“十二五”末，中小企业公共服务平台将基本覆盖全国 80% 以上的省（自治区、直辖市）。在农村地区，中小企业公共服务平台是农村创新体系中的重要网络节点，是构建中小企业服务体系建设的重要内容。“如何服务”是公共服务平台健康成长和高效运营的关键性问题。世界银行为解决公共服务的“如何服务”问题，基于“责任”视角提出了一个具有较强解释力和较广应用性的公共服务供给分析框架（世界银行，2004）。本章就基于世界银行的这一公共服务供给分析框架，构建中小企业公共服务平台的政府主导型复合服务模型，并分析公共服务平台的三种服务模式。

第一节 公共服务供给的参与各方及其责任关系

在世界银行（2004）的公共服务供给分析框架中（见图10-1），主要是通过“责任”将公共服务供给链中的四个参与方紧密地连接在一起。责任是指公共服务提供参与各方的一组关系，这些关系具有五个特征：一是委托，指对将要提供的某种服务（或者体现为某种服务的产品）的明确或者意会的共识；二是融资，指提供资源使服务能够被提供或者予以支付；三是执行，指提供具体服务的过程；四是获得有关执行的信息，指获取相关信息，参照期望值以及正式与非正式标准对服务的执行情况做出评估；五是强制，指能够对表现不佳者给予惩罚，对表现优秀者给予奖励。公民/客户与政治家/政策制定者之间的责任关系是表达和政治，公民/客户对政治家/政策制定者行使表达权，表达包括正式的政治机制和非正式机制。政治家/政策制定者与机构提供者之间的责任关系是契约，与合同相比，这种契约关系不具体，也不具有法律强制性。一线专业服务人员与机构提供者之间的责任关系是管理，机构提供者使用一些正式和非正式的管理手段向一线专业服务人员分配任务、提供行动资源，并明确其责任范围。公民/客户与服务提供者之间的责任关系是客户权利，公民/客户一般通过与一线专业人员的接触对服务提供者行使客户权利。

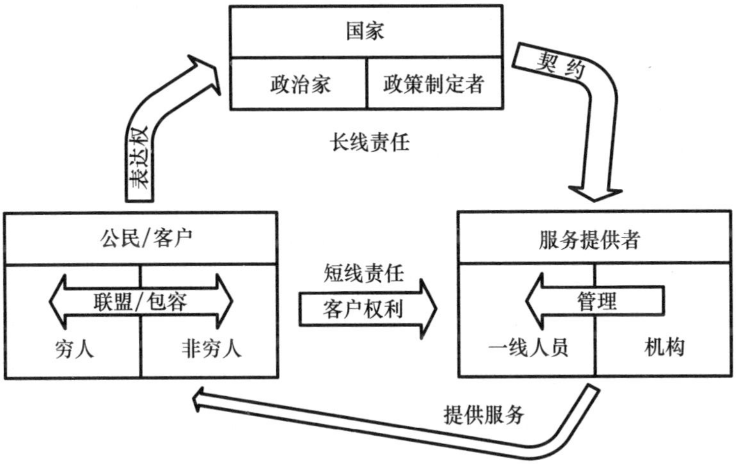

图 10－1　公共服务供给的一个分析框架

公民/客户可以通过短线责任和长线责任使服务提供者对其服务供给行为负责，短线责任是将公民/客户与服务提供者联系起来的一种直接责任，这种责任关系以服务交易为基础，其控制机制是客户权利。公民/客户利用客户权利使得服务提供者对其负责的方式有：（1）直接向服务提供者表达自己的服务需求，并使得服务提供者从交易中获取的所有收益都取决于他们是否满足公民/客户的服务需求，即服务提供者的收入依赖于公民/客户服务需求的满足程度；（2）监督服务提供者的服务供给情况和表现。长线责任是通过政治家/政策制定者将公民/客户与服务提供者联系起来的一种迂回责任，其控制机制是表达权和契约。在契约机制中，政治家/政策制定者对服务提供者的指示必须明确、必须能够获得有关服务提供者的行为及其结果的正确信息。不难发现，在事实上，短线责任是公民/客户向服务提供者的问责机制，长线责任是公民/客户向政治家/政策制定者、政治家/政策制定者向服务提供者的问责机制。以上公共服务四个参与方之间责任关系中的任何缺陷，或者参与各方责任能力的任何欠缺，都可能会导致公共服务供给的失败。

第二节 中小企业服务平台的一个政府主导型复合服务模型

中小企业公共服务平台作用的发挥，就是为了增加对中小企业所需公共服务的供给，优化服务内容的供给方式和服务模式。在公共服务平台中，共性服务的生产者有政府部门、公共服务平台、各类服务资源和服务机构，提供者为政府部门和公共服务平台，使用者为中小企业；共性服务的供给机制有政府机制（行政机制）、市场机制、第三部门机制，以及上述三种供给机制的复合供给方式。市场机制和第三部门机制可统称为非政府机制。从起主导作用的供给机制类型来看，复合供给有三种模型，分别为政府主导的复合供给模型、市场主导的复合供给模型、第三部门主导（任意一种第三部门机制主导）的复合供给模型，供给机制及其复合供给模型中主导机制的选择，要满足供给意愿、提供能力、生产效力和联结机制四个供给要件（吕普生，2013）。在公共服务平台共性服务的三种供给机制中，任何一种第三部门机制都具有良善的供给意愿，但因资源禀赋有限，导致其共性服务的提供能力和生产效力不足，缺乏足够的公共权威力量来组织和协调政府机制或者市场机制，因而难以承担主导职责。大多数情况下，市场供给的一个最大优势是具有充足的共性服务提供能力，可以满足中小企业的差异化服务需求，但其首要目标是利润最大化，而不是公益目标，所以市场机制将会排斥无支付能力和支付能力较弱的中小企业，从而导致共性服务供给不足。市场机制也缺乏足够的公共权威力量。如果市场主导，可能会背离公共服务平台共性服务供给的初衷——满足所有中小企业的共性服务需求。

在排除上述两种选择之外，公共服务平台共性服务的复合供给模型，占主导地位的只能是政府机制。公共服务平台的准公共组织属性、服务内容的准公共产品属性也要求必须发挥政府的主导作用，要求政府在公共服务平台建设和发展的定位、规划、投入、政策等方面给予必要的扶持和指导。在产业集群中，政府主导型、政府合作型和政府鼓励型共性技术创新平台的建设和运行都需要政府倾向性的政策支持和创造良好的创新环境（张振刚、景诗龙，2008）。政府主导的复合供给，既能避免市场主导复合供给和第三部门主导复合供给的缺陷，又能克服政府单一供给中可能出现的问题（吕普生，2013）。中央和各级地方政府都要不断创新公共服务供给体制机制，以更好地培育供给主体，构建供给体系（梁俊伟、薛莉，2012）。基于以上分析和结合世界银行（2004）的公共服务供给分析框架，我们提出公共服务平台的一个政府主导型复合服务模型（见图10－2）。

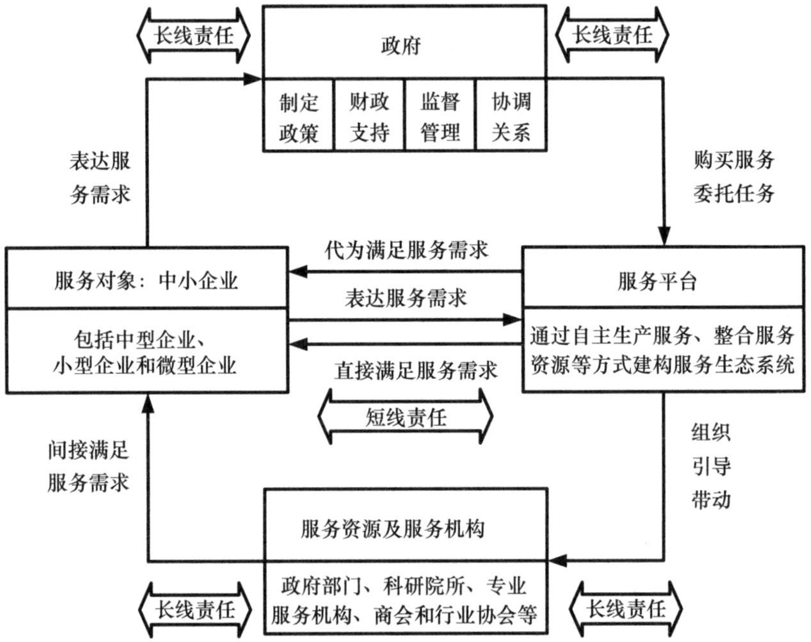

图 10－2　中小企业公共服务平台的一个政府主导型复合服务模型

从图 10－2 可以看出，公共服务平台服务内容供给的逻辑起点是中小企业的共性服务需求，逻辑终点是实现中小企业共性的服务需求、增强其满足程度及其相关的特定公益目标；公共服务平台服务模式的选择，从根本上来说，只是满足中小企业共性服务需求、实现公益目标的手段和方式。但是，任何一种服务模式的构建和选择，都反映了政府、中小企业、公共服务平台、服务资源及服务机构之间的责任关系和责任体系，上述公共服务平台的政府主导型复合服务模型，也主要是通过“责任”将中小企业所需共性服务供给链中的四个参与方紧密地融合为一体，包括短线责任和长线责任。

短线责任是中小企业直接向公共服务平台表达服务需求，使得公共服务平台直接对中小企业服务需求的实现负责。短线责任中的控制机制是中小企业主动的表达权，这种表达权意味着中小企业不再处于被动接受服务的地位，而是要积极参与中小企业服务体系的制度建构，监督公共服务平台的经营决策和服务供给情况。

长线责任有两条路径。第一条长线责任路径是通过政府将中小企业与公共服务平台连接在一起，其控制机制为表达权和契约，表达权是指中小企业向政府提出所需公共服务的诉求，要求政府为其服务需求的实现负责。在这一长线责任中，政府的首要角色是服务规划者，为了实现和满足中小企业的服务需求，政府可以选择较为合适的服务提供者——中小企业公共服务平台，这实际上是在对中小企业所需服务（为叙述方便，以下简称为“中小企业服务”）的规划者和生产者/提供者进行分离。将服务规划者与服务提供者区分开来有助于强化服务提供者的责任（世界银行，2004）。借鉴公共服务分工理论（郁建兴、吴玉霞，2009；吴玉霞、郁建兴，2011），我们可称为“中小企业服务生产的初次分工”。在初次分工中，政府可以不承担中小企业服务生产者的角色，而是将中小企业服务生产职能划分出去，将相关职能界定在制定政策、财政支持、监督管理、协调关系等方面，政府正是通过这些职能来体现、履行服务规划者的角色和主导作用。公共服务分工是指政府在强化公共服务职能和财政责任的同时，还要充分发挥市场在配置资源和社会在整合资源方面的特有作用，发展公共服务规划者和生产者的专业优势。在公共服务供给的参与方之间，一般要进行两次分工，初次分工是将服务规划者和服务生产者相分离，二次分工是生产者将自己不能直接生产的服务，通过整合其他服务资源来组织生产，通过将分散的、异质性的服务需求与非规模化的服务供给进行对接来间接满足服务需求。

第二条长线责任路径是通过公共服务平台将中小企业与服务资源及服务机构连接在一起，其控制机制是契约。公共服务平台作为政府在初次分工中选定的中小企业服务生产者，它可以自主地进行直接生产中小企业服务，对于公共服务平台不能有效生产的中小企业服务，可以通过整合其他服务资源及服务机构来生产，以间接满足中小企业的服务需求，这可称为“中小企业服务生产的二次分工”。在二次分工中，政府部门也可以是中小企业服务的生产者，因为政府部门也拥有服务资源，并且有内在的自律动机和外在的激励力量促使其提供有价值的服务。两条长线责任路径中的契约是指政府与公共服务平台、公共服务平台与服务资源及服务机构之间某种长期关系的一种内容广泛的协议，这种协议既包括明确的、可验证的正式合约，也包括不明确、不具有法律强制性的非正式合约。

不难发现，短线责任和长线责任实际上是中小企业两种不同的服务需求表达机制和传递机制，中小企业据此可以选择适切的服务需求表达机制，这一方面有助于中小企业充分表达自己的服务需求和偏好；另一方面也有助于公共服务平台以中小企业的服务需求为导向做出供给安排。长线责任中两次分工的存在，适应了中小企业服务需求的混合性和复杂性，为公共服务平台、服务资源及服务机构参与中小企业服务需求的实现和服务体系的建设提供了制度性通道。通过两次分工，（1）有助于克服政府和公共服务平台直接生产中小企业服务的局限性，促使政府、公共服务平台、服务资源及服务机构之间形成了广泛而又复杂的分工与协作关系；（2）各种服务资源可以得到有效整合，不同服务生产者在不同特性的中小企业服务生产中可以发挥各自优势，从而提高公共服务平台服务的效率和质量。从这个角度看，公共服务平台是中小企业服务分工的产物，是中小企业服务体系分工深化和分工利益实现的组织形态和载体。

从图 10－2 中也可以看出，短线责任、长线责任及其两次分工的实现，离不开公共服务平台有效的服务模式，公共服务平台的服务模式是中小企业服务分工的表现形式和重要互动关系。总的来看，政府主导型复合服务模型中内含公共服务平台的三种服务模式：一是通过政府购买服务、承担政府委托任务，代替政府为中小企业提供服务；二是通过自主生产服务、外购服务项目，直接为中小企业提供服务；三是通过组织、引导和带动服务资源及服务机构为中小企业提供服务。在包括公共服务平台在内的中小企业服务机构中，服务模式主要有自主开发服务项目、承担政府委托任务、通过组织和外购或者外包开展服务业务等（中小企业服务机构发展状况及扶持政策研究课题组，2011）；广东省中山市协同创新公共服务平台的服务模式主要有三种：一是自有团队直接服务；二是提供企业信息与交流平台；三是与第三方合作共同服务，大多数公共服务平台的服务模式在两种及以上（陈建安、王建彤、徐刚，2012）；对于中小企业需求较大、运作成本较高、投资回收时间较长的服务项目，例如，政务热线等，可以采取政府主导购买的服务模式（山东省中小企业办公室，2011）。可见，由于中小企业共性服务需求的复杂性，在现实的公共服务平台中小企业共性服务的供给中，存在多种服务模式以及多种服务模式的复合。

第三节　中小企业公共服务平台的三种服务模式

一　通过政府购买服务项目，公共服务平台代为满足中小企业的服务需求

政府购买公共服务是指政府将自身应该直接提供的公共服务项目，委托给具有相应资质的社会组织来提供，社会组织按照与政府达成的合约向服务对象提供公共服务，政府根据社会组织所提供服务的数量和质量支付相应服务费用（杨宝，2011），这是一种“政府立项、政府采购、定项委托、供需对接、合同管理、评估兑现”的新型政府提供公共服务模式（魏中龙、巩丽伟、王小艺，2011），它是政府在行政法上的一项法定义务（王丛虎，2013）。政府购买公共服务平台的公共服务项目提供给中小企业，也是公共服务平台的一种重要的服务模式，适用于该种服务模式的服务项目一般具有纯公共产品或者准公共产品属性，例如，共性技术，政策信息、人员培训、创业辅导等。政府购买公共服务平台服务项目的方式主要有：（1）对公共服务平台提供的公益性服务项目，给予引导性、鼓励性和补偿性的财政补贴和专项拨款；（2）通过政府采购途径

直接购买公共服务平台自主开发的服务项目；（3）承接政府及相关政府部门的委托服务项目；（4）政府将中小企业所需的公共服务项目外包给公共服务平台；（5）政府向公共服务平台购买服务消费券发放给中小企业；（6）通过合同承包、特许经营等方式，在政府与公共服务平台之间建立紧密的公私合作伙伴关系。公私合作伙伴关系使得政府能够以相同费用提供更优质的产品或者用更少的成本提供相同质量的产品（孟艳，2015）。公共服务平台通过这种服务模式向中小企业提供服务，一般采用“零收费”的服务方式。例如，宁波市通过鼓励重点商贸行业协会建立公共服务平台，以政府购买服务的方式鼓励和引导行业协会开展行业标准制定、会展服务、质量认定、人员培训等服务工作。

政府购买公共服务平台的服务项目，意味着政府从大量的中小企业公共服务中“抽身”，而公共服务平台“接手”，这符合政府职能转变的内在要求，也是政府有效应对中小企业公共服务需求的重要方式、探索动员公共服务平台开展公共性、公益性服务的新路径。同时，公共服务平台的这种服务模式，（1）有利于减轻政府的财政负担，提高行政效能；（2）有利于中小企业降低获得相关服务的成本，从而获得各类直接或者间接的经济效益；（3）依托政府信用和政府财政的“零收费”服务方式，有利于服务平台赢得信用和形象；（4）有利于推动政府与公共服务平台之间的良性互动，满足中小企业日益增长的多元化公共服务需求，提高中小企业公共服务的供给效率和质量。需要说明的是，政府购买公共服务平台的服务项目提供给中小企业，仅仅是将中小企业公共服务的提供方式社会化，更加注重与公共服务平台合作为中小企业提供公共服务，并没有将政府应该承担的中小企业公共服务提供责任社会化。为中小企业提供质量可靠、覆盖广泛、便利实惠的公共服务，仍然是政府不可推卸的责任。

二　通过自主开发服务项目，直接满足中小企业的服务需求

大多数公共服务平台服务中小企业的一个重要途径就是自主开发服务项目，直接向中小企业提供各类服务，以直接满足其服务需求。适用于该种服务模式的服务项目，（1）既可以是纯公共产品和准公共产品，例如，公共服务平台通过自有网站向所有中小企业发布关于行业产品、产业和财税政策、市场供求、展会等方面的信息；通过自建的研发中心研发共性技术、新产品、新工艺和新流程等，以较低的价格出售给中小企业。（2）也可以是私人产品，例如，接受中小企业的专项委托和定制合约，为中小企业提供量身定做的个性化和精细化服务。

2011 年，广西柳州市中小企业服务中心编印了《中小企业融资服务指南汇编》等相关材料，免费给中小企业发放；为 100 多家中小企业进行了具有公益性质的融资辅导，协调贷款 7.89 亿元。广西南宁市中小企业信息网络平台利用 3G 等技术手段，将公共服务平台的融资、人员和技术培训、产业和政策新闻等资讯服务转换成可通过手机等移动数据终端访问的信息，如此，中小企业可以便捷地浏览和使用这些信息服务。广东佛山市南方技术创新中心自成立起，就自主开发制版、新面料、工艺流程等方面的技术产品和服务，并以较低的价格出售给中

小纺织企业，截至2011年年底，南方技术创新中心自主研发并出售给中小企业的各类纺织新产品达3.6万件，应用率达到80%以上，占当地新产品的40%；同时，为企业量身定做的定制式接单所开发的纺织新产品也日益增加。广东省中山市小榄镇的汉信现代设计制造服务中心，通过产品设计、快速成型、精密模具等“一站式”服务，已累计为中小企业设计新产品600多个。浙江湖州市织里童装科技创新中心通过自主研发，每天为童装网站添加设计款式150余款，图案和部件400余个，为童装企业提供款式设计图稿等服务；全面负责织里镇范围内的童装企业纺织品质量检测，严把质量关，对企业的产品质量实时监控与检测；收集和发布最新的国内外各类纺织品及童装标准，协助企业构建创品牌体系、质量监管体系、标准化体系、检验检测体系。山东省TZ市机械制造业生产力促进中心的一项重要任务，就是接受中小机床企业委托，承担新产品开发、新材料研制、新工艺研究及新技术应用的研发；根据中小机床企业需要，自主研发企业生产过程中所需的非标准、专用设备及检测设备。

公共服务平台自主开发服务项目，一方面，可以拓展和优化公共服务平台的功能结构，有效地迎合和满足中小企业的需求，适应中小企业服务需求结构的变动，提高公共服务平台服务中小企业的效能；另一方面，可以增加公共服务平台的收入渠道和服务收入，从而增强公共服务平台的服务能力和可持续发展能力，因为大多数自主开发的服务项目，在提供给中小企业时要收取相应的服务费用和转让收入。

三　通过组织、带动服务资源及服务机构提供服务，间接满足中小企业服务需求

公共服务平台的服务模式不限于政府购买服务和自主开发服务项目，还要扮演资源整合角色和需求汇集角色，通过搭建各类平台，组织、引导和带动各类服务资源及服务机构为中小企业提供系统化、链条化的服务，以间接满足中小企业的不同服务需求。适用于该种服务模式的服务项目可以是纯公共产品、准公共产品和私人产品。公共服务平台通过整合和吸纳政府部门服务资源，搭建政务公共服务平台，为中小企业提供各类公共性服务和公益性服务，满足中小企业的行政性服务需求；通过整合和吸纳各类专业化服务机构资源，搭建市场公共服务平台，为中小企业提供各类专业性服务和定制式服务，满足中小企业的市场性服务需求；通过整合和吸纳各类、各层次科研院所的技术创新资源，搭建产学研合作公共服务平台，为中小企业提供技术创新服务，满足中小企业的技术创新服务需求；通过整合和吸纳各类社会组织资源和志愿资源，搭建社会公共服务平台，为中小企业提供公益性服务，满足中小企业的公益性服务需求（见图10－3）。

例如，广西柳州市中小企业服务中心积极与风险投资机构合作，并向风险投资机构推荐那些具有较大发展潜力的科技型企业或者高新技术企业；与广西联合产权交易所紧密合作，努力为中小企业提供技术转移、金融资产交易、知识产权交易、股权托管、产权交易等专业化融资服务。浙江宁波市中小企业公共服务平台（8718平台）整合了全市与中小企业服务有关的

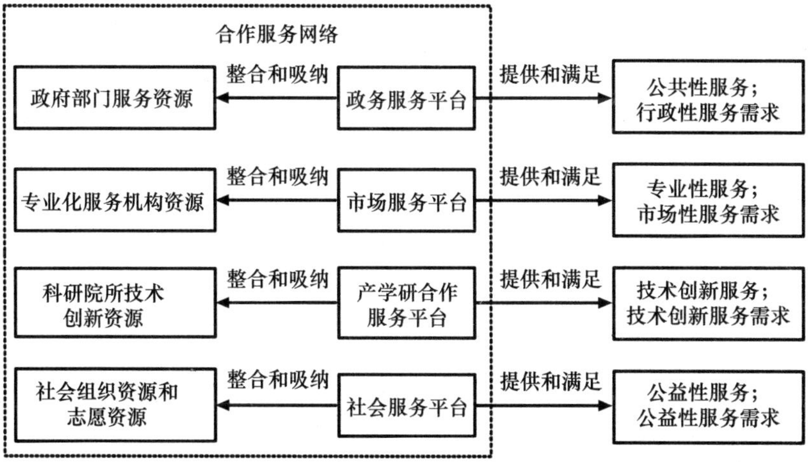

图 10－3　中小企业公共服务平台的合作网络服务模式

56 个政府部门的政府资源，其中一些重要的政府部门还配置了专业服务小组；与专业服务企业、咨询公司密切合作；网聚了 93 家专业设计机构，占全市设计公司总数的 78%。广东省佛山市南方技术创新中心与中国纺织工业协会、国家纺织产品开发中心合作共建了“中国纺织工业协会检测中心纺织工业（南方）面料检测中心”及其所属的“纺织工业（南方）产品研发中心；与广东纺织学校、东华大学等建立了紧密合作的联系。广东省中山市小榄生产力促进中心先后与武汉大学、华中科技大学、华南理工大学、中南大学等 50 多家高校及科研机构合办产学研服务平台。山东省 TZ 市机械制造业生产力促进中心通过建立高级专家工作站和专家委员会，吸纳了一批专家为中小机床企业提供管理与技术指导；联合相关高校建立工程硕士培训中心及工程硕士、博士工作站，培养高层次机械制造技术人才和管理人才。

在这种服务模式中，政府部门、科研院所、专业服务机构、商会和行业协会、志愿服务者（组织）成为围绕公共服务平台的一个服务网络。在这个服务网络中，不同的服务资源及服务机构与公共服务平台之间，以各种方式结成了不同形态的服务供给联盟，形成了复杂的合作网络服务模式（见图10－3），公共服务平台发挥着“帮助企业找服务，帮助服务找市场”的独特作用。

（1）公共服务平台连通了中小企业的异质性服务需求与各类服务资源及服务机构的非规模化服务供给，有利于发挥行政机制、市场机制和社会机制的各自独特优势，并使这三种机制实现有机结合，从而实现市场服务资源、公共服务资源等各类服务资源与中小企业服务需求的无缝对接，因而也体现了各类服务资源及服务机构在中小企业服务提供中的独特作用，其专业性、公益性和志愿性得到了充分展现。

（2）公共服务平台与各类服务资源及服务机构之间是一种紧密型的合作关系，各类服务资源及服务机构在一定程度上成为公共服务平台的“供应商”，通过各种方式合作完成中小企业服务的供给；从依托公共服务平台向中小企业提供服务的专业化服务机构之间的关系来看，因为专业化服务机构大多实行市场化运作，因而这些面向中小企业的专业化服务机构之间的交易关系是一种纯粹的市场竞争关系。为此，公共服务平台需要制定一整套相对稳定、科学合理的“服务规则体系”或者“服务标准体系”，以建构和维护服务网络内专业化服务机构之间的分工、交易、竞争等秩序。从这个角度看，公共服务平台具有战略联盟或者“双边依赖”、纯市场的结构特征。

（3）政府部门、科研院所等服务资源及服务机构掌握着大量的现成服务资源和丰富的潜在服务资源，但是，它们都均因获取中小企业服务需求的渠道有限，导致不少优质服务资源处于闲置、不得所用的状态，服务资源及服务机构为中小企业服务的有效性和覆盖面不高；与之相反，中小企业的许多公共服务需求、个性化服务诉求，往往难以找到相应的服务资源，陷入求助无门的境地。各类服务资源及服务机构拥有的处于闲置状态的优质服务资源，恰恰是中小企业所迫切需要的。因此，公共服务平台的一个重要作用，就是搭建一座各类服务资源及服务机构与中小企业之间的桥梁，努力提供两者之间的“无缝对接”。公共服务平台基于其独特功能与结构，通过整合各类服务资源和汇集中小企业的服务需求，一方面拉升了公共服务平台发挥服务功能的“资源短板”和各类服务机构发挥服务功能的“需求短板”，从而使得服务网络整体层面的资源能力配置得以优化，服务的有效性和覆盖率得以提高，使得中小企业的服务需求得以集中表达；另一方面，也增强了公共服务平台撬动外部资源的调控能力，放大了公共服务平台对中小企业服务需求的挖掘能力。而且，从动态演化的角度看，随着公共服务平台与整个服务网络在服务结构、服务功能、运行机制与服务模式等方面的优化互动和逐渐成熟，公共服务平台与服务网络内各类服务资源及服务机构之间将会产生服务能力与服务结构的“协同演化”，从而使得公共服务平台的资源整合能力得以累积强化；随着公共服务平台的服务功能与中小企业的服务需求之间市场无缝对接方式的日益优化和成熟，公共服务平台与中小企业（主）之间将会建立广泛而又紧密和持续的联系，产生彼此信任支持的合作伙伴关系，从而使得公共服务平台的需求汇集能力也得以累积强化。从以上角度看，公共服务平台具有个体与整体跨层面、累积强化的资源能力整合特征和需求能力汇集特征。

第十一章　中小企业公共服务平台的运行机制

中小企业公共服务平台是农村创新体系中的重要网络节点，是国家构建中小企业服务体系建设的重要内容。促进公共服务平台发展旨在解决中小企业共性服务需求，以提高企业发展质量，增强市场竞争力和实现创新驱动发展。而运行机制是公共服务平台高效运营和有效服务的动力源和重要保障。因此，实现公共服务平台的基本功能，还需要解决公共服务平台“高效运营和服务”的问题，构建和形成“政府扶持平台、平台服务企业、企业自主创新”的良好运行机制。

第一节　构建“政府+市场”双轮驱动的运作机制

公共服务平台是一个兼具公益性和市场性的准公共组织（肖卫东、杜志雄，2010），公益性要求服务平台不应单纯和一味地追求利润最大化，市场性要求公共服务平台通过市场机制获取资源和利润。因此，公共服务平台的建设、发展和为企业服务，需要政府这只“有形的手”发挥主导、引导和推动作用，更需要市场这只“无形的手”的服务资源配置效应和调节功能，以建立“政府+市场”双轮驱动的运作机制，明确政府和市场的行为边界。要充分发挥市场机制在整合和汇集服务资源、促进服务要素流动、加快技术创新成果扩散与应用产业化等方面的主导作用。

在中小企业自主创新“组织失灵”和“市场失灵”的双重困境下，政府介入作为中小企业自主创新的第一推动者，主导、引导和推动建立公共服务平台，这填补了中小企业自主创新发起人供给不足的缺失，是在双重困境下的一种“帕累托最优改进”。但是，政府主导、引导和推动公共服务平台的创建和介入其运作隐藏着风险，即在公共服务平台的建设、发展和为企服务中往往会注入过多的政府意志，而忽视或不理睬中小企业的真实需求，造成政府职能越位（政府做了一些不该做的事）和缺位（政府没有做它应该做的事），这会对市场机制产生扭曲，导致公共服务平台的管理运行中政府与市场关系的失调，服务绩效低下。因此，要明确政府在公共服务平台运作中的作用“度”和职能定位，坚决避免使用计划和行政手段直接干预公共服务平台的组织运转和服务活动。

青木昌彦、穆尔多克等（1996）认为，政府和市场不是相互排斥的替代物，市场增进论是一种机制，这种机制促使政府政策的目标定位于改善民间部门解决协调问题及克服其他市场缺陷的能力。据此理论，政府施加于公共服务平台的作用应局限在弥补“市场失灵”的范围内，凡是市场能自我调节和优化配置的服务内容，政府应主动退出，实现政府与市场主体严格归位。在“市场失灵”部分，政府要扮演“公共服务型政府”的角色。公共服务型政府是指以“管理就是服务”为根本理念，以提供私人或者社会不愿意提供，或者没有能力提供的公共产品为主要职能的政府，是一个以市场为基础、遵循市场优先原则的政府（郁建兴、徐越倩，2004）。因此，政府的职能在于实施市场增进政策以促进、补充公共服务平台的功能、优化公共服务平台的功能结构。政府的市场增进政策包括公共服务平台公共基础设施、财政金融制度供给的完善，以及通过激励机制设计促进公共服务平台拓展市场的内生性力量。具体来看，政府的角色重心有：（1）制定公共服务平台的发展战略和建设规划。（2）构建促进公共服务平台发展的政策框架，为公共服务平台的健康运营和高效服务提供政策保障。（3）提供财政支持和税收优惠。承担公共服务的财政责任是政府获得政治合法性的重要来源（郁建兴、吴玉霞，2009）。（4）制定相应法律法规，对公共服务平台及各类服务组织的服务活动和行为进行必要的约束和监督。（5）政府要把相当一部分中小企业服务的生产职能让渡给公共服务平台来主导，并通过政策引导和经济杠杆，鼓励和引导公共服务平台整合各类服务资源。还要协调处理好政府与公共服务平台之间的关系，坚持“两条腿走路”，“一条腿”是要适应经济社会环境的变化，适时调整公共服务平台与政府之间的关系，促进公共服务平台的自主发展和自主治理，增强公共服务平台自身的“造血”功能；另“一条腿”是要积极又不失自主地加强同政府的合作，强化公共服务平台与政府之间的分工与协作以及优势互补关系；多渠道、多层次争取政府的财政资助和政策支持；鼓励和引导公共服务平台完善服务功能、拓展服务范围，引导和培育中小企业对公共服务平台的需求。政府应该是中小企业服务需求的主动识别者和回应者。

第二节　建立以公共服务平台为中心节点的协同服务机制

服务平台的一个重要特征是“跨组织服务资源的共享与协同”，这涉及两个关键问题：一个是服务资源的积聚问题，即如何积聚各类服务组织的服务资源，以形成“服务资源池”；另一个是服务资源的应用问题，即如何组织、引导和带动这些服务资源，以协同一致地为中小企业提供服务。这两个关键问题都内含了公共服务平台与其他各类服务组织之间、各类服务组织之间复杂的非线性关系，以及这些非线性关系所构成的复杂的“服务生态系统”。公共服务平台的“跨组织服务资源的共享与协同”，实际上就是要使复杂的“服务生态系统”在宏观上呈现出一种有序结构，需要相关服务组织之间形成以中小企业共性需求和价值创造为导向的稳定结网关系，需要公共服务平台与各类服务组织之间的统筹协调和紧密合作，以形成服务综合优势。这要求建立以公共服务平台为中心节点的协同服务机制，以形成“开放、合作、互动”的服务合作网络。公共服务平台构建是跨层面协同机制形成及其功能发挥的必要条件（吴义爽、徐梦周，2011）。

当前，协同服务已经成为一种融合、联结和实现服务效率最大化的新型服务模式。通过协同服务和合作网络，可以突破公共服务平台与各类服务组织之间的进退壁垒，借梯登高，实现服务资源的有效汇聚，使各类服务组织中的技术、信息、人才、资本等要素的活力得以充分释放，最大限度地利用各类服务组织的服务资源，合力共同推进服务活动的开展，创造“1+1>2”的协同服务效应。政府借助公共服务平台这个服务载体，能够推进区域中小企业服务体系建设。科研院所通过公共服务平台与中小企业加强合作与对接，能够提高科研院所研发的针对性和实用性，增强科研院所人才培养的市场适用性，促进科技与经济的有机结合。社会化专业服务机构和银行机构通过公共服务平台为中小企业提供专业服务与资金支持，这一方面拓宽了专业服务机构和银行机构业务的发展空间和市场范围；另一方面拓宽了它们的收益空间。可见，协同服务是公共服务平台的一个特征性活动，基于协同服务，公共服务平台搭建了各类服务组织与中小企业之间的服务流动网络。

公共服务平台的服务合作网络是指各节点及其联结的总和，服务合作网络属性取决于节点及其联结，节点的联结需要通过协同服务机制来实现。公共服务平台的协同服务机制主要包括，(1)公共服务平台与各类服务组织之间在技术、人才、信息、资本等服务要素方面的交互关系机制；(2)公共服务平台与各类服务组织之间的社会关系机制。前者主要是公共服务平台在其服务产品开发等价值创造的活动中，选择性地与各类服务组织之间形成长期的稳固的合作网络关系，例如，公共服务平台与各类服务组织之间通过战略联盟等结成的市场交易网络、服务供应商网络、服务分包商网络等；公共服务平台与科研院所之间在技术合作、技术扩散等活动中结成的研发合作网络和技术交易网络等；公共服务平台与各类专业服务机构之间在管理咨询、人员培训、市场开拓等方面结成的市场交易网络。后者主要是公共服务平台的工作人员与各类服务组织中的工作人员之间通过生活的接触、非正式场合的见面等方式所建立的人脉关系网络或者公共关系网络。公共服务平台通过正式的契约关系和非正式的社会关系，超越了自身服务资源和服务能力的瓶颈，把原本属于其他服务组织的互补资源和共享的产业能力等纳入公共服务平台的发展轨道。

广东省专业镇技术创新中心（以下简称支援中心）就是一种“1 + N”协同服务模式和服务合作网络（刘启强、周宇英，2013）。支援中心由广东省科技厅筹资建设，于 2011 年年底建成并开始服务于专业镇的产业和中小企业。支援中心为“1 + N”协同服务模式的公益性创新支撑平台，“1 + N”中的“1”指省级创新交互中心，这个创新交互中心的主要任务有三项：一是整合创新资源；二是建设网络平台和呼叫中心的运营和服务体系；三是监督和考核支援中心的服务活动。“N”主要是指四大社会力量：一是农业、工业、现代服务业和社会事业四大创新资源中心，其主要任务是整合相关产业或者事业领域的各种创新资源，以形成“创新资源池”和创新服务体系；二是大批加盟单位，其主要任务是为专业镇提供检验检测、创业和项目辅导、工业设计等专业创新服务；三是若干创新驿站，它是支援中心在专业镇的服务节点和触角，其主要任务是汇聚本地中小企业的创新需求、转移和扩散技术创新成果、共建共享创新资源；四是专家服务团，它是支援中心的重要智力支撑，其主要任务是通过现场指导、网络和电话等方式，为专业镇的技术创新和发展方式转变提供智力支持。可见，支援中心形成了一个以交互中心为枢纽节点、整合了“N”个社会服务力量的服务合作网络，其目的和思路就是调动和整合更多的社会创新资源，以协同创新服务的机制实现创新资源与中小企业创新需求之间的无缝对接，为专业镇产业和中小企业提供全方位的创新服务，从而促进专业镇转型升级。

第三节　建立公共服务平台创新成果与企业创新需求之间的互动机制

创新尤其是技术创新的真正意义和实际价值，不在于创新本身，而在于创新成果的扩散，创新对中小企业的影响取决于创新成果在中小企业中的扩散效果。创新不仅仅是创新成果的第一次应用，而且还包含创新成果的扩散；创新过程是一个本质上取决于各种相关知识的积累和扩散发展的过程（Nelson，1992）。从这个意义上来说，作为创新的后续过程，公共服务平台创新成果的扩散比创新更为重要；公共服务平台创新的成功并不仅仅依靠创新所需技术的深度和先进性，更大程度上还要根据创新成果的扩散程度来判断。因此，公共服务平台必须以市场机制的方式加快创新成果的传播和扩散，寻求建立公共服务平台创新成果与中小企业创新需求之间的良性互动机制，这是确保公共服务平台创新成果的有效供给与中小企业的创新需求之间实现持续适应性和嵌入性的必然要求，加速和促进公共服务平台创新成果扩散和传播的重要保障。

通过创新成果的扩散：（1）创新成果能较快地移植或嫁接

到中小企业的生产上。中小企业在接受创新成果的同时，不但产生了对创新产品或者服务的更大需求，而且也以极大的热情直接投入到创新活动中，这样就激发和带动了一大批中小企业的创新兴趣和热情。尤其是在产业集群中，处于主导或核心地位企业的技术创新主导产业技术发展方向时，一旦某项核心技术或共性技术获得创造性突破，这必然引发产业集群内各专业细分企业的一系列渐进性技术创新和协同创新。如此良性循环，产业集群内的研发行为就会渐进地从公共服务平台嵌入到企业内部，使技术创新内化于企业内部。（2）通过已突破的某项创新成果的扩散和传播，可为中小企业进行后续的创新留下了创新空间，为后续创新奠定了良好基础，同时也为公共服务平台带来了市场。因为，创新尤其是技术创新过程的连续性使得任何一项创新不可能迅速完善。创新过程的不连续是导致产业集群及集群内中小企业创新能力停滞不前甚至衰退的重要原因之一，它能同时抑制许多其他优势（Porter，1998）。可见，保证创新过程的连续性对于中小企业创新能力的更高层次发展和转型升级至关重要，而这就要求公共服务平台加快创新成果的扩散和传播。

要加快创新成果的扩散和传播，其中的一个重要条件就是保障和扩大公共服务平台创新成果的有效供给，努力激发中小企业对公共服务平台创新成果的有效需求，并确保创新成果供给和需求之间的持续适应性和嵌入性。因此，公共服务平台一方面要加强研究与开发能力，增强创新的实用性，提高创新扩散的可行性和有效性，保障其有效供给。另一方面，要增强其提供共性技术服务的能力，激活中小企业对技术创新成果的需

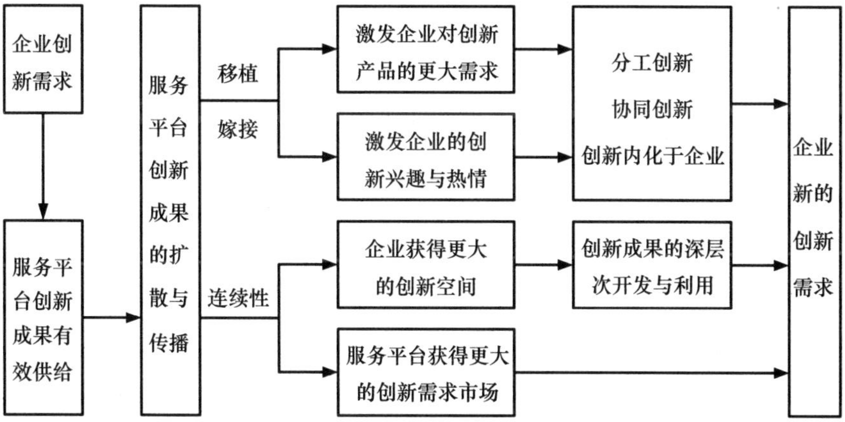

图 11－1　公共服务平台创新成果与中小企业创新需求之间的良性互动机制

求，激发中小企业对新技术的兴趣并帮助掌握新技术，进而促进中小企业对创新成果的深层次开发和应用，以形成公共服务平台服务功能的供给和结构性调整与中小企业创新需求的无缝嵌入对接和良性互动（见图 11－1），这种无缝嵌入对接和长期良性互动可使中小企业的创新活动变得日益活跃，更有效率。可见，创新成果的扩散和传播是确保公共服务平台服务职能持续适应性和嵌入性的关键环节。

第四节　建立健全公共服务平台高效的管理体系与运营机制

公共服务平台作为一种服务平台和合作网络，整合了多方创新资源，必然涉及很多方的经济利益，多个利益主体的关系错综复杂。因此，要更好地发挥公共服务平台的服务作用，如何建立和健全公共服务平台高效的管理体系和运营机制，是一个必须面对的紧要问题，这是决定公共服务平台能否健康成长和发展、高效服务的关键。以山东省 TZ 市机械制造业生产力促进中心为例，公共服务平台管理运行体系的总体框架可由“管理体系、载体体系和支撑体系”三大部分组成（见图 11－2）。（1）公共服务平台的管理体系。设立机械制造业产业集群领导小组（或办公室），该领导小组以市委市政府领导担任顾问，市科技局、经贸局、财政局等单位为成员，负责规划、协调、资源统筹、综合管理等工作。成立全市统一的机械制造业协会，充分发挥其在沟通政府关系、制定企业标准、调解企业纠纷、加强企业自律等方面的作用。机械制造业工业园注重机械制造体系和生产性服务体系的建设，以园区为载体，打造机械制造业生产服务公共平台，实现园区公共服务资源的共享。（2）公共服务平台的载体体系，主要应包括三大载体：一是产业研发与设计中心；二是公共服务平台；三是创业产业中心。其中，产业研发与设计中心是公共服务平台的核心载体，也是其核心职能，结合 TZ 市机械制造业技术创新现状，产业研发与设计中心可设立五个分中心：中小机床、工程机械、零部件与功能部件、共性与基础技术、其他配套产品研发。（3）公共服务平台的支撑体系，主要包括政府政策支撑和社会化服务支撑体系，政府政策支撑包括科技政策和产业政策，财税政策和金融政策，人才、文化和信息化政策等；社会化服务支撑包括区域内外科研院所的科技研发和知识源，教育培训机构的知识服务，律师、会计等社会中介机构的中介服务等。

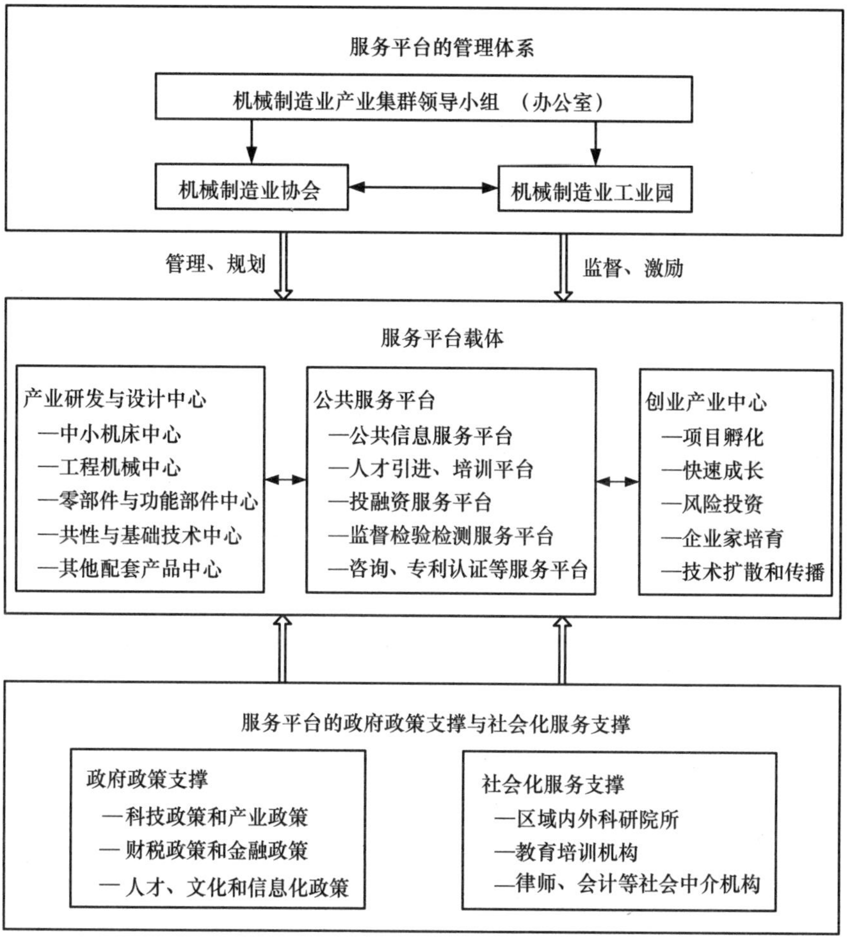

图 11－2　公共服务平台的管理与运行体系

另外，还要逐步形成有利于公共服务平台可持续发展的运营机制：（1）构建政府规划引导和政策激励的促进机制，形成促进公共服务平台跨越发展强有力的政策支持体系；通过政府政策扶持和市场机制导向相结合，努力构建以中小企业为主体、科研院所参与、市场化运作的推进机制。（2）构建知识产权保护和权益维护机制、资源共享机制、多层面和跨界面的协同创新机制，以及公共服务平台与各类服务组织之间的利益共享与风险分担机制。(3) 建立服务创新人才引进与培养有机结合的队伍建设机制，为公共服务平台的健康运行和高效服务提供人才保障和智力支撑。(4) 建立一套行之有效的市场激励和绩效评估机制，充分发挥其服务创新的最大效能。

第十二章　面向产业集群的中小企业公共服务平台发展探析

第一节　引言

改革开放以来特别是近年来，产业集群已成为我国区域经济和县域中小企业发展的重要产业组织形式和载体，国家和各级地方政府高度重视产业集群的发展，并为产业集群发展创造了良好的政策环境。发展中小企业产业集群不仅可以实现规模经济和范围经济，还有利于提升产业发展层次、促进区域经济增长和发展方式转变，甚至会带动区域产业更好地参与全球产业链和价值链分工。其中的一个重要原因就是从空间创新角度来看，产业集群有利于提高集群内企业的技术创新能力，产生整体创新效应（Storper，1992；Audretsch and Feldman，1996；Porter，1998；王缉慈，2001；魏后凯，2003；王峥，2006；王珺、岳芳敏，2009）。但产业集群内部并不天然地具有技术创新能力（Porter，1998），众多产业集群的衰败也说明，产业集群内也可能出现集群创新动力缺失。

因此，如何使技术创新能力在产业集群中滋生并不断得到强化和发展，这是关系到大多数中小企业产业集群的生存和可持续发展的重要问题。

综括相关文献，产业集群技术创新能力的形成机制主要有以下四种：（1）通过集群内具有核心控制力的主导企业（通常是大企业或企业集团）推动基于空间集聚的产业链在各个环节上的技术创新（Bellandi，1994；Markusen，1996；Humphery and Schmin，2000；张杰、张少军、刘志彪，2007）。（2）技术创新能力是集群内企业在“知识区域”内的一个相互影响相互作用的交互学习过程中逐步形成的（凯文·摩根，2003）。（3）集群企业通过与全球价值链的密切联系获取并提升技术创新能力，向全球范围内的知识源学习以获取“技术创新环境”的持续性（Lechner and Dowling，2003；Pietrobelli，Rabellotti，2004）。（4）通过设立公共创新服务平台来有效启动集群内中小企业的技术创新活动，这类平台有助于集群企业技术创新能力的提升（Muller et al.，2001；王珺，2002；Smedlund et al.，2007；王珺、岳芳敏，2009）。在上述四种形成机制中，第一种、第二种、第四种方式的技术创新能力都是在产业集群内部联系机制下形成，即创新是集群内生的；第三种方式是在外部联系机制下形成技术创新能力。而且前三种集群创新大都是大企业推动的结果，第四种类型的技术创新活动是由具有一定程度上的公共产品性质的公共创新服务平台引导与扶植的。

本章基于山东省 TZ 市机械制造业生产力促进中心[①]的案例研究，关注第四种产业集群企业技术创新机制的形成和发育问题。山东省 TZ 市政府投资 1980 万元与山东省机械设计研究院于 2007 年 7 月联合建立了 TZ 市机械制造业生产力促进中心，2008 年 10 月 TZ 市政府又与该机构合作设立了山东省机械科学研究院 TZ 市分院，2009 年年初成功运营并初显技术创新效应。因此，本章是一个探索性的案例研究，因为 TZ 市机械制造业生产力促进中心的成立和运行时间不是很长，处于起步发展阶段，但其基于“政府 + 市场”双重作用的独特性质和运作模式具有较强的实践意义和借鉴作用[②]。考察这个案例的目的在于揭示中小企业产业集群的技术创新困境和公共创新服务平台设立的内在逻辑性，探究公共创新服务平台独特的功能定位、运作机制和组织特性，探索性地分析了公共创新服务平台高效和可持续成长需突破的几个关键问题。

第二节　TZ 市机械制造业生产力促进中心设立的内在逻辑

TZ 市中小机床制造业起步于 20 世纪 50 年代山东 LN 机床

① 为便于分析，本章将中小企业产业集群中由地方政府投资主导设立的各种以技术创新服务为宗旨的组织，诸如生产力促进中心、技术创新中心、创新服务中心等，统称为公共创新服务平台。本章将公共创新服务平台界定为政府为提升中小企业产业集群的技术创新能力，促进经济增长，整合区域内外技术创新资源所创设的为集群企业（尤其是中小企业）提供共性和非共性技术创新服务的综合功能性区域创新组织。

② 正是因为这个创新平台仍属初建，其对中小企业创新的促进作用难以观察得到，故本章着重研究这类创新平台建设的形成机理和运作机制问题，未评估这类创新平台对企业创新的实际推动作用及效果。

厂的建立，它的成立为机械制造产业集群播下了萌芽的种子。20 世纪 90 年代，伴随着 LN 机床厂等国有企业的股份化改制和兼并重组，原国有机械制造企业中大量熟练技术工人、销售人员分流或跳槽，自己创办新的机械加工厂和企业，这是 TZ 市机械制造业“国企裂变，民企快速繁殖”时期，中小机械制造企业及其企业规模迅速膨胀，机械制造业产业集群初步形成。到 21 世纪初，在全国机械制造企业利润高涨的形势下，利益的驱使激起了民间资本的投资热情，在全市掀起了兴办机械加工企业的高潮。同时，通过招商引资，TZ 市先后引进了诸多全国知名的机床制造企业，机械制造产业迅速发展，产业规模急剧扩张，产量逐年攀升，市场占有率逐年提高，技术创新步伐明显加快，已基本形成以中小机床制造企业为主的机械制造产业集群。

一　产业集群的快速发展与低水平技术创新锁定的内在冲突

1. 机械制造企业在特定空间内的快速聚集，数量众多，经济贡献突出

TZ 市龙泉街道和经济技术开发区中的机械制造工业园是 TZ 市机械制造业的集中聚集区。2008 年，机械制造企业发展到 713 家。其中，规模以上企业 233 家，占规模以上工业企业（505 家）的 46.14%；全市机械工业实现主营业务收入 163.9 亿元、利税 19.2 亿元，同比分别增长 34.9% 和 36.5%。

2. 产业领域相对集中，产品竞争优势较强，技术创新氛围日渐形成

TZ 市机械制造主要集中于中小机床、小型工程机械、零部

件和功能配套件三大产业领域，特别是中小机床制造业在国内具有较强影响，竞争优势明显。TZ 市已基本形成年产各类机床近 20 万台的机械生产加工区域，中小型钻铣床产量占全国总产量的 80% 以上，成为全国最大数控铣钻床生产基地，享有“钻铣床之乡”的美誉[①]。截至 2009 年 9 月，TZ 市共有省级机械制造企业技术中心 5 个，枣庄市级企业技术中心 9 个，厂办科研机构 40 多家；超过 70% 的规模以上机床制造企业与高等院校、科研院所建立了技术合作关系，累计引进、转化成果 140 余项。

3. 产业集群发展层次低，企业技术创新能力弱，技术创新水平低，集群发展“大而不强”

（1）竞争优势大多建立在低成本、低价格，特别是劳动力成本低廉的基础上，企业技术熟练工人匮乏；个体、家庭企业小生产管理方式占有一定比重，在 TZ 市甚至出现了“用十几万元就办成一个机械加工厂”的局面。

（2）在全球分工体系中仍处于产业价值链低端。从横向分工角度来看，同质产品“扎堆”现象严重，造成许多低水平的重复建设和规模攀比，趋同定位和同质化竞争的问题较为突出，很多企业陷入了拼成本、拼价格的恶性竞争循环困境。从纵向分工角度来看，产业价值链高端缺失问题突出，机械产品多属于低端产品，中高档大型、重型、数控、精密设备较少，独立

---

① 2006 年 12 月，TZ 市被命名为“山东省中小机床制造业基地”；2008 年 5 月，TZ 市中小机床制造产业集群入选“中国产业集群品牌 50 强”；TZ 市中小数控机床及加工中心产业集群被列入山东省机械工业 2009 年至 2011 年三年调整振兴规划重点培育的 4 个特色产业集群，中小机床生产基地被列入重点建设的 10 个装备制造业基地；2009 年 7 月，TZ 市中小机床集群入选“省级首批 20 个中小企业产业集群”。

研发高精数控系统仍为空白[①]。加工制造环节能力较强，缺乏在上游研发、设计环节以及下游市场营销环节（如品牌运作、售后服务等）的延伸，典型的“中间大，两头小”价值链现象。

（3）技术创新资源和能力分布失衡，由集群企业共同行动所产生的技术创新效应还未形成。TZ 市省级和市级机械制造技术中心基本上都设立在重点骨干企业和规模以上企业中，这些大企业具有一定程度上的自主创新能力。但由于产业内部分工协作不足、产业层次的低端化和创新资源禀赋等的约束，以致大企业带动中小企业技术创新的意愿不足，高端价值链产品的技术创新能力有限，产业发展中的关键共性和基础技术创新严重缺位。而大部分中小企业尤其是零部件和功能部件配套企业都无独立的技术研发机构，与外部技术创新源之间的联系和合作也较少，这些企业的技术创新能力严重不足。

综上所述，TZ 市机械产业集群属内生型优势产业集群，正处于高速成长阶段，但产业集群的整体技术创新仍处于初期阶段。产业集群的产品结构很大程度上仍处于国际价值链分工体系的低端，存在着产业集群的快速发展与低水平技术锁定、低端价值锁定并存的事实和趋势，这会使集群陷入“贫困化增长”的不良格局，引致产业集群的衰退。导致这种状况的主要原因之一就是集群企业的技术创新能力弱。因此，在国家高度重视经济结构调整和转变经济发展方式的政策背景下，TZ 市机械制造业产业集群正面临产业结构优化升级的历史机遇。从 TZ

① 生产一台数控机床的关键电器元件、卡盘、智能系统都要从南京、烟台等地外购，这些核心技术被外地垄断，压缩了 TZ 市机械产品的利润空间。

市工业化进程来看，其机械制造业产业集群也到了高度重视和进行结构优化升级的历史时刻，到了由投资驱动向创新驱动转变、由规模扩张向内涵提升转变的关键时刻，而提升集群企业的技术创新能力是实现转变的关键。

二　机械制造中小企业“创新失灵”与集群创新“市场失灵”的内在困境

1. 产业集群中小企业缺乏技术创新动机与能力引致“创新失灵”

TZ 市机械制造业产业集群中小企业的“创新失灵”主要表现在缺乏技术创新动机与能力。从动机角度分析，企业进行技术创新的直接动机在于创新收益与成本的动态权衡比较。但由于机械产品和工艺的创新作为一种非线性活动，其技术研发投入与收益之间具有较大的不确定性，可能致使集群内单个中小企业的技术创新投入不仅不能获得超额利润，甚至难以得到补偿或收回。同时，习惯于“个体、家庭企业小生产管理方式”机械制造中小企业已形成了对“仿制”方式的技术依赖，新产品的技术大多采取“拿来主义”，技术进步的“外部依赖路径”明显。在 20 世纪 90 年代以前的中小机械制造企业主要依赖于当时的 LN 机床厂等国有企业的技术力量，这些国有机械制造企业的技术人员利用业余时间帮助中小机械制造企业解决技术难题。到了 20 世纪 90 年代初期，随着 LN 机床厂等国有企业的股份化改制和兼并重组，中小机械制造企业从国有企业很难再获得稳定的技术支持，很多中小企业只能以“临时聘用”等方式从济南等地获得技术帮助。根据我们对该市 48 家中小企业的问卷调查，在调查问题“企业主导产品的技术来源情况”的回答中，有 25.53% 的企业是模仿同行的新技术、新产品，29.79% 的企业是生产技术已成熟的大路产品；在“企业是否有专门技术研发机构”问题的调查中，有 60.42% 的企业没有设立专门技术研发机构。可见，有 55.32% 的中小企业在技术创新中采取“搭便车”行为。当集群中每个企业都采取类似行动时，整个产业集群就陷入集群技术创新动力缺失的惰性锁定状态，形成集群企业都不进行创新活动的“集体无效率”博弈均衡状态。

从能力角度分析则归于中小企业天然的“资源劣势”。在问卷调查问题“企业技术创新最主要的障碍是哪些”的回答中，有 84.38% 的企业认为缺乏资金和技术开发人员等资源是第一障碍因素。同时，当前这些中小企业所使用的技术设备也限制了它们对新产品和新工艺的开发创新。可见，对于 TZ 市机械制造业中小企业来说，不是不想技术创新，而是没有能力进行技术创新。

2. 产业集群技术创新的路径依赖与技术锁定引致集群创新“市场失灵”

路径依赖是指技术演进或制度变迁均有类似于物理学中的惯性，即一旦进入某一路径就可能对这种路径产生依赖。TZ 市机械制造业产业集群的技术发展轨迹也具有路径依赖性。如上所述，最初基于先发优势和比较优势发展起来的 TZ 市机械制造业，在一定程度上被“锁定”在劳动密集型产业以及劳动与技术密集型产业组合的组装加工业，“锁定”在技术模仿以及外部依赖路径，而资本密集型和技术密集型的机械制造业还不具备领先的规模和水平，尚未形成集群应有的技术创新机制。TZ 市机械制造业产业和技术发展的“路径依赖”是其机械制造业产业集群创新的一把“双刃剑”，一方面，技术模仿和外部依赖会不断地自我强化、巩固和完善，从而维持集群的竞争优势；另一方面，技术模仿和外部依赖更多地表现为路径的“刚性”，即使出现更优技术，也很难打破技术模仿以及外部依赖对市场的垄断，更难以突破已有技术路径对产业集群技术创新所设立的阻碍，从而使技术发展陷入低层次的锁定状态。因此，TZ 市机械制造业产业集群内企业宁可对过时的技术和生产工艺墨守成规，也愿采用生产效率更高的新技术。同时，集群内企业也不愿放弃与现存技术连为一体的聚集经济利益，这就使得产业集群内企业面临巨大的市场风险和技术风险，造成整个产业集群的技术创新被锁定，引致集群创新的“市场失灵”。

三　TZ 市机械制造业公共创新服务平台设立的内在逻辑

由上分析可知，TZ 市机械制造产业集群的快速发展与低水平技术创新锁定的内在冲突，要求集群产业结构优化与升级，这就要增强企业技术创新能力，提升技术创新层次。但中小企业因创新动机与能力缺失引致“创新失灵”和产业集群因路径依赖和技术锁定引致集群创新“市场失灵”的内在困境，导致产业集群技术创新源的供给缺失，以致产业集群中小企业的技术创新能力严重不足，进而产业集群层面的产业和价值链升级能力缺乏支撑。

因此，TZ 市为保证机械制造业产业集群经济始终沿着最优路径增长，在大企业带动中小企业技术创新的意愿不足和能力有限的情况下，这就需要由政府主导来引入新的和高层次技术创新源，以打破集群的低水平技术创新锁定，突破技术创新的内在困境。其中的有效途径之一就是政府引导、支持和帮助建立诸如“生产力促进中心”之类的公共创新服务组织，TZ 市机械制造业生产力促进中心正是在这种背景下应运而生。可见，TZ 市机械制造业产业集群生产力促进中心的设立有其内在逻辑性（见图 12－1）。政策扶持、资金支持和公共创新服务平台设立是地方政府扶持本地企业和产业集群开展创新活动的三种具体形式（Asheim，2003）。政府在产业集群发展中的最重要作用是通过各种政策措施促进有发展潜力的产业集群的地方网络形成，特别需要在帮助建立行业协会、生产力促进中心等中介机构，为企业提供必要的信息和公共基础设施等方面有所作为（陈耀，2004）。

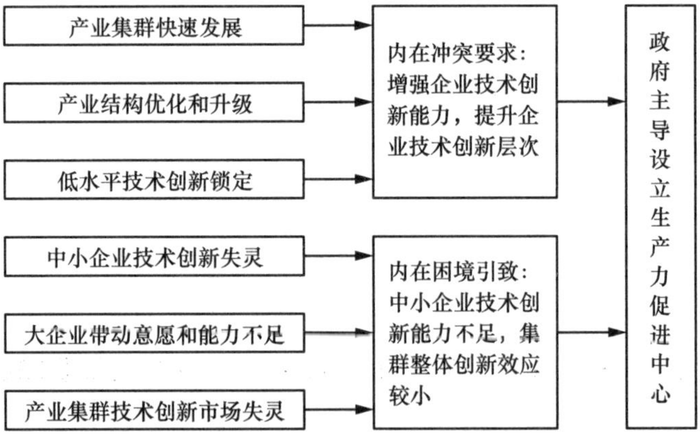

图 12－1 TZ 市机械制造业生产力促进中心创设的内在逻辑

第三节　TZ市机械制造业生产力促进中心的运作机制与组织特性

一　生产力促进中心的运作机制

1. 功能定位

TZ市生产力促进中心既是一个集群产业技术创新公共服务平台，也是一个区域技术创新服务平台，其辐射范围包括TZ市的机械制造企业，以及TZ市周边的机械制造企业。该中心以为TZ市机械制造企业特别是中小企业服务，促进TZ市机械制造业技术进步、产业发展和升级以及区域经济增长为根本宗旨，将功能定位为（见图12－2）：（1）通过中心独特的性质和运作模式以TZ市机械制造产业结构调整和产业发展为中心开展技术创新源引进与集聚、共性基础前沿技术研发、技术创新成果转化扩散与应用产业化、技术创新综合服务、技术创新人才培养、市场营销与品牌运作等业务，以弥补企业"创新失灵"和集群创新"市场失灵"。（2）通过契约和组织关系，发挥中心的技术创新导向和示范作用，引导集群企业研发机构和其他技术创新服务机构的技术创新服务以支持和促进集群企业内部的技术创新活动，使其向有利于TZ市机械制造业产业集群整体技术创新和产业发展方向发展。（3）通过中心的平台作用，联系TZ市的政府组织、TZ市及其外部区域的金融机构、科研院所、教育培训机构和社会化服务中介机构等为TZ市机械制造业产业集群技术创新和产业发展提供各种支持，整合TZ市区域内外各种技术创新资源和要素，构建TZ市机械制造业产业集群创新网络及其与外部技术创新源之间的创新桥梁。

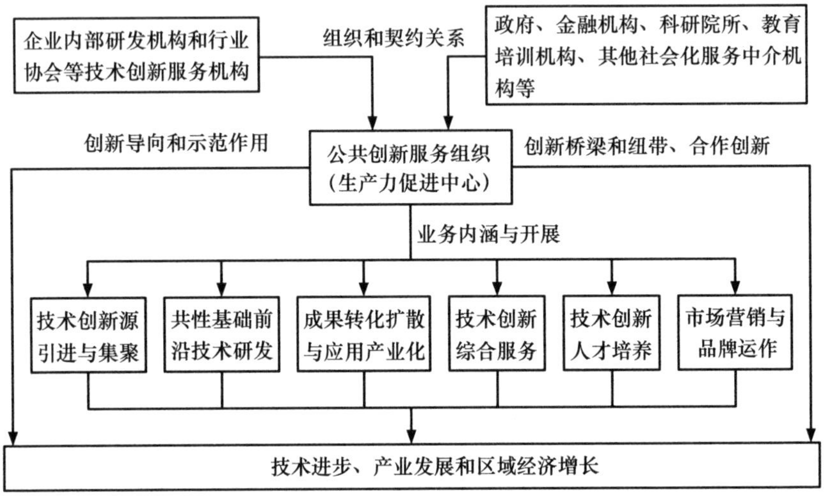

图12－2　TZ市机械制造业生产力促进中心的功能定位

2. 运作模式

TZ市机械制造业生产力促进中心是由TZ市政府负责投资建设，但日常管理和运营模式坚持市场化运作，以增强中心的自我生存能力和发展能力。可见，这是一种典型的“政府主导，市场化运作”、以研究院所为核心的区域产业公共创新服务平台模式，具有政府和市场等多重技术资源配置优势。

TZ市机械制造业生产力促进中心为正科级事业单位，人员编制20人，设主任1人，副主任2名，包括主任在内的全部员工实行聘用制。组织设专家委员会，主要由本地政府、研发机构和企业的管理与技术专家，以及外地专家组成，其职责是对生产力促进中心的业务活动进行指导与咨询，并就有关发展的重大问题向政府和中心提出建议。生产力促进中心实行主任负责制，下设一个职能部门、六个业务部门（见图 12－3）。

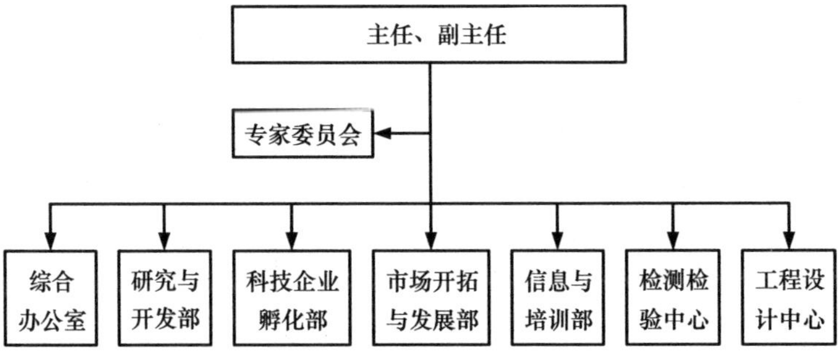

图 12－3　TZ 市机械制造业生产力促进中心的组织结构

TZ 市机械制造业生产力促进中心实行项目管理，经费自理，主要来源于承担政府和企业的技术研究项目经费、各类技术服务收入以及成果转让收入等，生产力促进中心的设备折旧费和建筑折旧费由中心支配。对于生产力促进中心非营利的业务活动，如科技企业孵化服务、高级专家部分免费为企业服务等，政府每年给予一定的资金补助，以补充其活动经费不足和提高其服务积极性。

二　TZ 市机械制造业生产力促进中心的组织特性

1. 双重属性的组织设计，是一个“被组织化”的准公共组织

双重性指的是生产力促进中心的公益性与市场性的结合。TZ 市机械制造业生产力促进中心自成立之日就是以这种双重的组织性质来设计运行机制的。从上述 TZ 市生产力促进中心的

功能定位和目标以及资金投入来看，该组织是体现TZ市政府推动产业结构升级和创新能力建设的意图、承担执行技术创新公共政策职责的技术创新服务机构，具有很强的社会公益性，这是它的公益性方面。同时，从组织理论来看，TZ市生产力促进中心是一个“被组织化”[①] 的技术创新服务机构，是在TZ市中小企业“创新失灵”和产业集群创新“市场失灵”的情况下，政府为满足中小企业创新需求而进行特定干预下所设立的一种技术创新服务机构，在组织性质上是一个正科级的公共事业单位。

虽然TZ市机械制造业生产力促进中心为正科级事业单位，但按市场机制运行，这是它的市场性方面，也是它的生命力所在。因为，生产力促进中心作为一个技术创新主体组织，在市场经济条件下会面临一定的市场压力，一方面要为企业提供适应性和优质的技术创新服务；另一方面又要在政府扶持其建设和发展的基础上形成自我发展能力。同时，技术创新需要持续性的风险投入，完全由政府来投入不仅会给地方政府财政带来负担，而且会使得生产力促进中心缺乏市场激励，其服务绩效也会受到影响。因此，在政府投入有限的情况下，通过生产力促进中心的市场化运作，通过提供有效和优质的各种技术创新综合服务所收取的合理费用以弥补其基本开支并积累自我发展资金就显得非常必要。这种市场化运作的服务有偿收费也为生产力促进中心提供了更强的市场激励，迫使其不断提高服务质量，满足集群企业对技术创新等的需求，否则，其生存就会受

① “被组织化”是指组织系统在获得空间的、时间的或功能的结构过程中，存在外界的特定干预，是被外部干预力量驱动的组织过程或组织结果。

到影响。

基于上述分析，我们认为，TZ市机械制造业生产力促进中心是一个具有公益性和市场性双重属性的“被组织化”的准公共组织。这类准公共组织的基本特征是以政府投资为主要建设资金来源，以执行公共政策或履行指定职能为主要职责，通过服务收入来满足其基本开支的组织（Moe，2004）。

2. 以与产业集群内的主导企业合作研发新产品作为进入路径

公共创新服务平台为中小企业提供的服务职能基于服务性质主要分为两大类：共性服务职能和非共性服务职能。非共性服务职能是指只适用于一个企业技术创新需求的服务，如新产品和新工艺的研究与开发服务、设计创意服务、孵化企业服务、大型仪器协作共同服务、政府委托的专项服务等；共性服务职能是指可适用于集群内大多数企业技术创新需求的服务，如提供技术信息、技术咨询、技术和员工培训、质量检测、专利申请与认证、法律与会计咨询，以及为促使外部技术研发机构与集群内企业创新需求相结合的组织联系与资源整合等①。因公共创新服务平台财力与技术能力的限制以及产业集群在不同的创新阶段所产生的不同创新需求，公共创新服务平台在共性服务职能和非共性服务职能的进入路径选择是不同的。对处于创新初期或启动期的产业集群来说，集群内企业需要的是能够提高附加值和市场竞争力的新产品或产品的新设计、新工艺（Feldman，2005）。同时，企业对技术创新服务需求类型的选

① 在现实经济中，这两种服务职能并不能截然分开。

择与企业的技术创新能力强弱直接相关，也与产业集群的技术创新能力强弱相联系。一般来说，具有一定自主创新能力或者能力较高的企业更期望公共创新服务平台提供共性服务职能，而缺乏自主创新能力的企业则更期望提供非共性服务职能，尤其是新产品和新工艺的提供。

因此，对于缺乏内生技术创新能力和处于创新初期和启动期的产业集群来说，企业对技术创新服务的需求主要集中在新产品及产品新设计新工艺上，以此来启动产业集群的技术创新能力，提升产业集群发展层次和市场竞争力。公共创新服务平台提供新产品的方式有三种：外包、自己研发和合作研发，这三种方式反映了公共创新服务平台提供服务职能方式的不同。外包方式是指公共创新服务平台将产业集群定制式的新产品项目委托给外部科研院所进行研究与开发，这种新产品的委托研发是一种共性服务职能；自己研发方式是指公共创新服务平台自己开发新产品并提供给产业集群企业，这种新产品的独立研发是一种共性服务职能；合作研发方式是公共创新服务平台把外部科研院所机构作为必要的技术支撑引入，通过与集群内企业的有效合作机制来共同研发新产品、新设计和新工艺，这种新产品的合作研发是一种非共性服务职能。

TZ 市生产力促进中心在运作之日就是以合作研发新产品的非共性服务职能作为进入路径的。在 2009 年年初生产力促进中心全面启动时，该组织在对 TZ 市重点骨干机床企业深入调研的基础上，综合分析该市机械工业总体技术装备水平、现有产品技术特点及国家重大装备技术招标项目等因素，分别与该市 6 家重点骨干机床企业拟订了 10 种新产品的合作研发计划，其中七项新产品是列入国家“高档数控机床与基础制造装备科技重大专项指南”重点研发发展的项目①。之所以会形成这种非共性服务职能的进入路径，这是由该生产力促进中心成立之时TZ市机械制造业企业面临的技术创新困境和创新需求所决定的。因为新产品尤其是高档数控机床与基础制造装备等高附加值产品是TZ市机械制造业产业集群中企业最急需的，TZ市迫切需要高附加值等高端新产品来提升产品层次，提高产业集群发展水平。只有当那些重点骨干企业通过生产这些高附加值新产品带来了收益增加，才愿意进行持续性的扩大投资和技术创新活动，并通过产业网络和社会关系网络转化为产业集群宏观层面的技术创新能力，形成“龙头企业领跑，中小企业紧追”的良好创新氛围，进而推动整个机械制造业产业链升级，达到切入高端价值链的目标。

综括起来，TZ市生产力促进中心是以高附加值等高端新产品的合作研发作为进入路径，通过与集群内的重点骨干企业（具有核心控制力的主导企业）合作研发以推动基于空间集聚的产业链在新产品上的创新模式，从而带动在产业链多个环节上的创新，这是一种“公共创新服务平台”组织和启动+“核心控制力的主导企业”推动的创新发展模式。这有利于形成机械制造业高度分工条件下的技术创新链（工艺创新—产品创新—服务创新②），实现产业集群的功能创新和价值链创新（见图12-4），使产业集群能够进入一种良性循环上升的创新发展

① 这10种新产品科技含量大、附加值高、符合国家产业政策，具有广阔的市场发展空间，研制成功后，将进一步提升该市机床工具行业产品技术水平。

② 对于机械制造业来说，工艺创新侧重于提高产品的质量与效率；产品创新侧重于增加产品的品种与数量；服务创新侧重于改进营销策略与服务模式。

轨道路径。

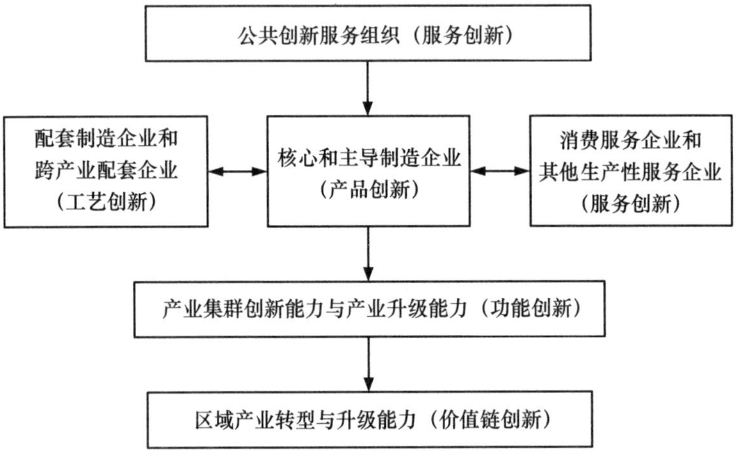

图 12－4　产业集群高度分工条件下的技术创新链和创新网络

3. 全方位、多层次推进“官产学研”联合，打造综合性公共创新服务平台

对于TZ市机械制造业整个产业集群来说，因为：（1）机械制造业产业链和价值链较长，不同链上企业的技术创新需求差异较大，技术创新需求重点和需求结构也不一样，一部分企业（主要是不具有自主创新能力企业）需要公共服务平台提供的非共性服务，一部分企业（主要是具有自主创新能力企业）则需要共性服务。（2）产业集群处于整体创新的初期阶段，其重点是激活整个产业集群的自主创新能力，尤其是对于高端产业链产品的自主创新能力。随着产业集群整体创新水平的提高，其不同创新阶段的动态变化，技术创新需求重点和需求结构也会动态变动。（3）公共创新服务平台基于自身生存和自我发展角度考虑，更倾向于提供共性服务职能，因为共性服务具有规

模经济效应。所以，TZ 市机械制造业公共创新服务平台不只是提供非共性职能服务或者提供共性职能服务，而应当是以提供非共性职能服务作为进入路径来启动集群创新并使创新行为内化于企业内部，而后转向提供多样化的共性服务职能，以促进公共创新服务平台服务职能的适应性转换与拓展。

具体来说，TZ 市机械制造业生产力促进中心的总体功能结构就是全方位、多层次推进“官产学研”有机结合，打造集产品研发、信息咨询、教育培训、质量检测和市场开拓等服务于一体的综合性生产公共服务平台，按照优势互补、资源共享和服务协作的原则，努力构建“官产学研”联盟的合作创新模式。因此，TZ 市机械制造业生产力促进中心具有技术生产性和技术服务性并重的职能结构特征，它不但承担了技术生产和技术支持的职能，同时也承担起技术服务的职能，主要表现在以下几个方面：(1) 以“产”作为进入起点，打造先进制造技术创新平台，致力于为产品开发提供技术支撑。(2) 突出“学”，打造人才、知识和智力支撑平台，致力于为产业集群和企业发展提供充足的人力资源保障，提升人力资本水平。(3) 科技企业孵化服务，打造科技型中小企业孵化平台，为中小型创新企业提供良好的孵化空间。(4) 拓展共性服务职能范围，打造多样化的共性服务功能性平台，搭建公共信息和咨询公共服务平台以及监督检验检测公共服务平台。通过展览展示、交易交流活动，树立 TZ 市“中国中小型机床制造和出口基地”品牌，建立品牌产品的展示经营机制，建立 TZ 市机床产品及配件专业交易市场。

第四节　结论与对策建议

一　几个结论

本章以山东 TZ 市机械制造业产业集群生产力促进中心为案例，考察了中小企业产业集群发展的内在矛盾冲突和技术创新的内在困境，揭示了诸如生产力促进中心的公共创新服务平台设立的内在逻辑和机理，探究公共创新服务平台独特的功能定位、运作机制和组织特性。基于上述分析，得出了以下几点结论。

1. 整体技术创新处于初期阶段的中小企业产业集群，存在着产业集群的快速发展与低水平技术锁定、低端价值锁定并存的事实和趋势

这使产业集群发展“大而不强”，陷入“贫困化增长”陷阱，放大产业集群衰退的风险。因此，破解低水平技术锁定和低端价值锁定成为促进产业结构优化和升级、转变区域经济发展方式的当务之急，而增强企业技术创新能力，提升技术创新层次是实现升级和转变的关键。

2. 整体技术创新处于初期阶段的中小企业产业集群，容易陷入企业“创新失灵”与集群创新“市场失灵”的内在困境

企业“创新失灵”主要表现在缺乏技术创新动机与能力，这使得单个微观企业的最理性技术创新行为就是“搭便车”，采取跟随或模仿战略。集群创新“市场失灵”主要是由技术创新的路径依赖和低水平锁定所引致的，这使得产业集群技术创新发展陷入低层次的锁定状态。

3. 中小企业产业集群公共创新服务平台的设立有其内在逻辑性和机理

一个显见的内在逻辑是，中小企业产业集群发展中客观存在的内在冲突与技术创新面临的内在困境，迫切要求政府主导设立公共创新服务平台提供技术创新服务，以启动和提升集群企业技术创新能力，解决内在冲突和突破内在困境。

4. 基于“政府主导，以研究院所为核心，市场化运作”的公共创新服务平台具有政府和市场等多重技术资源配置优势

这类公共创新服务平台是一种具有公益性和市场性双重属性的“被组织化”的准公共组织，以新产品的合作研发作为进入路径全方位、多层次推进“官产学研”联合，打造综合性公共创新服务平台。

二　对策建议

综上所述，公共创新服务平台的设立有其内在的必要性和逻辑性。但公共创新服务平台并不是一经建立并成功运营，其提供的技术创新供给就一定能够满足集群企业的创新需求，就一定能够使技术创新行为和活动内化于企业内部，技术创新能力就一定能从公共创新服务平台嵌入于产业集群。其成功运作的可持续性和高效性仍面临诸多亟待解决的瓶颈，助推产业集群中小企业创新发展有赖于突破以下几个关键问题。

1. “政府+市场化”运作模式中公益性与市场性的矛盾要求明确政府和市场的行为边界

要充分发挥市场在配置技术创新资源、激励技术创新主体、促进技术创新要素流动、加快技术创新成果扩散与应用产业化

等方面的主导作用。要明确政府在公共创新服务平台中作用“度”的界限和职能定位。在公共创新服务平台的运作中，政府应尽量避免使用计划和行政手段直接干预公共创新服务平台的服务活动。按照新古典学派的主张，一种合理的政府介入模式就是把政府的作用局限于弥补在市场失灵的范围内，在“市场失灵”部分，政府进行及时补位和适度干预，把政府的职能界定于产业集群技术创新的倡导者、创新软硬环境的建设者、创新公共产品的提供者。同时，政府还应加强对公共创新服务平台的规划引导和监督，确保市场化运作的公共创新服务平台能够在市场化运作满足其一定经济效益的同时，保证其发挥满足企业微观层面和产业集群层面创新需求的公共职能，坚持为企业的共同利益和诉求服务的基本宗旨。

2. 加速技术创新成果的扩散和传播，寻求建立公共创新服务平台研发与集群企业研发之间的技术转移渠道和相互作用机制

技术创新的真正意义和实际价值，不在于技术创新本身，还在于这种技术创新的扩散。技术创新不仅是技术的第一次应用，而且还包含技术扩散；技术创新过程是一个本质上取决于各种相关知识的积累和扩散发展的过程（Nelson，1992）。因此，从这个意义上来说，公共创新服务平台发展到一定程度必须加快技术创新的扩散，寻求建立公共创新服务平台研发与集群企业研发之间的技术转移渠道和相互作用机制，这是确保公共创新服务平台技术创新服务的有效供给与集群企业技术创新需求的持续适应性和嵌入性的必然要求，也是当前公共创新服务平台、产业集群企业研发与区域技术创新联动所面临的一个

关键问题。

3. 建立和健全公共创新服务平台的管理运行体系与机制

公共创新服务平台的成长处于区域经济发展与产业集群创新演进的复杂背景之中，其建设和运行需要调动各方资源，涉及多个利益主体且关系错综复杂。因此，如何最大限度发挥公共创新服务组织的作用，建立健全科学高效的管理运行体系与机制是应面对的紧要问题。

建立和健全公共创新服务平台的管理体系、载体体系和支撑体系等运行体系。在载体体系中可设立产业研究与设计中心、公共服务平台和创业产业中心，其中产业研究与设计中心是公共创新服务平台的核心载体，也是其核心职能。支撑体系主要包括政策支撑和社会化服务支撑。

逐步形成有利于公共创新服务平台可持续发展的管理运行机制。（1）构建政府规划引导和政策激励的促进机制，形成促进公共创新服务平台跨越发展强有力的政策支持体系。（2）通过政府扶持和市场导向相结合，构建以企业为主体、市场化运作的推进机制。（3）构建知识产权保护机制、资源共享机制、协同创新机制和利益传导机制，加大技术开发、人才培养和成果应用力度。（4）建立一套行之有效的市场激励和绩效评估机制，充分发挥其技术创新的最大效能。

第十三章　促进中小企业公共服务平台发展的对策建议

第一节　健全公共服务平台发展的制度环境和扶持政策

在公共服务平台的运营中，由于（1）存在与各类服务组织之间较为复杂的合作联系和较为多样的交易关系；（2）所提供服务的公益性、开放性、社会性等特征，决定了公共服务平台的健康运营和高效服务需要完善、高效和公正的制度环境和扶持政策，以充分发挥政府的行政协调和政策引导作用、塑造和规范服务秩序。为此，政府一是要将建设和发展公共服务平台作为发展生产性服务业的重要内容，将公共服务平台纳入现代生产性服务业层面进行培育和推进；做好公共服务平台建设和发展的整体规划，尤其是要研究制定与区域产业发展、生产性服务业发展、中小企业服务体系建设、产业集群发展、中小企业发展等专项规划相衔接的公共服务平台建设规划，避免重复建设和资源浪费。

二是要加强对公共服务平台的财政支持，不断改善支持方式。建立财政支持公共服务平台的稳定增长机制，包括，（1）总量增长机制，即确保财政支持资金总量依据 GDP 增长率和财政收入增长率，每年都有一定数量的增长；（2）非均衡增长机制，即将财政支持资金较多地投向具有较强公益性的公共服务平台，逐步减少对具有较强市场竞争力公共服务平台的财政扶持；（3）带动增长机制，即充分发挥财政支持资金的杠杆作用，引导金融资金、社会资金流向公共服务平台。设立中小企业公共服务平台建设专项财政资金；对运行健康、信誉优质、服务效果显著的各级各类示范公共服务平台，实行服务补助和奖励表彰等扶持措施；将公共服务平台的基础设施等硬件建设项目，纳入财政支持范围，给予专项贴息支持。政府对公共服务平台的财政支持应更多地采取规范化和制度化的方式；明确支持的重点，重视财政支持对公共服务平台协调整合和服务能力培育的突出作用、对促进公共服务平台自主运营和自我发展的显著影响。

三是要加大对公共服务平台的税收优惠力度。例如，对公共服务平台所得的捐赠收入、会员费收入（按规定收取）等，应视为非应税收入，免征营业税和企业所得税；在政府相关部门核准的条件下，公共服务平台通过举办培训班、展览展销会等所获得服务收入，以及提供新产品、新技术、新工艺等所获得的销售收入，应给予减免税；对服务功能强、作用大、服务绩效显著的公共服务平台，地方税收实行一定比例的返还政策。

第二节　加大政府购买公共服务平台服务的力度，健全政府购买服务机制

市场经济条件下，政府购买公共服务平台的服务项目，是政府创新公共服务提供方式的重要路径，是市场化提供公共服务的新方式，能有效提高公共服务的供给质量和效率，使中小企业获得更多便利、实惠的公共服务。这要求加大政府购买公共服务平台服务的力度，健全政府购买服务机制。一是要加快制定《政府购买中小企业公共服务平台服务的实施意见》等系列政策意见，加快推进政府购买公共服务平台服务的制度化、规范化。二是要在准确了解和掌握中小企业公共服务和准公共服务需求的基础上，制定政府购买公共服务平台服务的指导性目录，明确政府购买公共服务平台服务的种类、性质、内容和流程等；对政府购买服务的项目，可以依据经济环境变化和中小企业需求变化，进行动态调整。三是明确政府购买公共服务平台服务的方式，如采购、委托、承包等。建立规范的政府采购制度，例如，公平公正的竞标制度、严格的准入门槛和退出制度、严密的激励机制和惩罚措施。四是要建立政府对公共服务平台服务的采购预算，将政府购买公共服务平台服务纳入法定程序，严格政府购买服务的资金管理。五是要全面公开政府购买公共服务平台服务的信息，建立严格的监督评价机制。

第三节　以服务需求为导向完善服务功能和细化服务层次，提升服务能力和效率

公共服务平台应当以中小企业服务需求的类型和层次差异为导向，对服务内容进行层级化的目标定位和职能设计，不断完善服务功能，细化服务层次，以提升服务能力和效率。

一是要确保中小企业基本公共服务提供的均等化和普惠性。面向产业或者区域中小企业的基本公共服务（例如，实时的行业信息和市场供求信息、国家产业政策信息等），主要与产业的基本运行和发展相关，具有较强的公共产品属性。因此，公共服务平台要始终坚持公平正义原则，让中小企业都能有平等机会获得公共服务平台提供的公共服务，不断提高中小企业所需公共服务的可得性以及服务价格的可承受性。

二是要着力提高中小企业发展型公共服务提供的专业化和高端化，促进发展型公共服务的规范高效，持续改善公共服务的综合品质。发展型公共服务是指满足中小企业发展需求的各种高端化服务，例如，管理咨询、质量管理、技术创新、品牌运作、资本运营等服务。发展型公共服务具有较强的私人产品属性、准公共产品属性，公益属性较弱。因此，公共服务平台要完善、优化、创新发展型公共服务的提供方式，引导、带动行业协会、专业服务机构等积极为中小企业提供发展型公共服务，尤其是要与行业协会、专业服务机构协同地为中小企业提供发展型公共服务。通过合作和协同提供服务，可能更具效率，更容易降低服务成本、增加供给并实现供求的无缝对接。

三是加强开发与培育特色服务项目，促进服务品牌化发展。公共服务平台一方面要搞好常规服务项目建设，不断拓宽服务领域、扩大服务范围；另一方面，还要充分挖掘与突出自身的服务特色，努力开发、培育特色服务项目。特色服务项目是指针对特定中小企业所提供的定制化、超出常规服务范围的服务，以及基于满足中小企业个性化需求和延伸服务价值链，为中小企业提供的各种个性化服务、衍生性服务和差异化增值服务（栾红、何丹蕊，2016）。对于公共服务平台来说，特色服务项目是一个难以模仿的、能够培育核心竞争力的独特的盈利模式，是“人无我有，人有我特”。因此，公共服务平台要增强市场意识、品牌意识和特色意识，建立统一的服务质量标准和服务质量保障制度，建立健全优质、统一的服务流程，不断促进服务的品牌化发展，提高公共服务平台的公众形象力、社会影响力和公信力。

第四节　创新公共服务平台发展路径和服务方式，促进转型升级

在政府支持和市场推力的作用下，近年来我国公共服务平台的数量越来越多，但很多公共服务平台对产业和区域中小企业自主创新的推进作用未能充分发挥，服务质量和效率不高的问题较为突出。因此，公共服务平台的转型升级势在必行，且重点在于公共服务平台竞争力和服务质量的有效提升，这要求积极引导和支持公共服务平台探索改革和发展的不同模式，创新发展路径和服务方式，以促进公共服务平台的转型升级。公

共服务平台转型升级是指公共服务平台在生产性服务业中的经济地位和环节层次的提升，是公共服务平台在产业价值链上获取附加值能力提升的动态演化过程。从产业价值链视角看，公共服务平台升级的一般路径应是从服务流程升级到服务产品升级，再到服务功能升级，最后到服务链条升级。

一是要以建设服务于战略性新兴产业和优势特色产业培育发展的行业型公共服务平台、服务于专业镇转型升级的区域型公共服务平台和服务于产业集群优化升级的创新型公共服务平台为核心，在更大范围和更高层次上整合各类服务资源，重点建设和发展技术创新、产权保护、孵化器、融资担保、产品检测与质量认证等公共服务平台。继续做好国家级、省市级中小企业公共服务示范平台的认定、动态管理工作，以点带面地促进示范平台经验的传播、交流与培训。加快建设一批协同创新公共服务平台，打造一批具有全国影响力和国际竞争力的公共服务平台品牌；借助于现代信息技术，形成一批集成能力强、运作效率高和具有可持续发展能力的公共服务平台网络。

二是要积极创新建设方式和发展路径，通过与政府相关部门、科研院所、商协会、专业性服务机构等建立战略性合作伙伴关系和协同服务机制，推进跨组织的资源共享和服务整合。促进不同类型和不同服务功能，尤其是同一产业链上下游不同环节公共服务平台之间的交流、互动和合作。健全服务资源整合系统，鼓励企业、科研院所将闲置的实验设备和仪器等纳入公共服务平台仪器设备的共用共享系统；通过开放实验室、专业化设备共享与租用等形式，为中小企业的技术创新活动提供场地、设施和服务，避免不必要的重复购买和重复建设。由于公共服务平台类型、价值链驱动模式、发展阶段等方面的不同，公共服务平台转型升级的发展路径具有较大的差异性。一般来说，以商协会为主导的公共服务平台，应走深度合作嵌入产业价值链和构建战略联盟的发展路径；以大型企业为主导的公共服务平台，应走市场扩张、整合纵向一体化的发展路径，充分发挥主导企业在服务创新、服务示范和网络辐射等方面的龙头带动作用；以政府为主导的公共服务平台，应走服务功能拓展、打造区域和行业服务品牌的发展路径，充分发挥“筑巢引凤”的作用；以技术和知识为依托的公共服务平台，应走由引进消化转向自主创新的发展路径。

三是积极创新和优化服务方式。积极利用现代通信技术（电话、微信、短信、视频等）、现代信息技术（互联网、大数据、物联网、云计算等）开展“网络式服务”。通过建立服务大厅、服务工作站（点）等方式开展“一个窗口受理、一站式办理、一条龙服务”的窗口服务模式或者柜台服务模式。创新“实体平台 + 互联网平台”的 O2O 服务模式，努力促进两者的互联互通、资源共享、功能互补、服务协同。支持公共服务平台建立中小企业云服务平台，加强与平台网络、中小企业创业基地和产业园区的交流合作机制。通过中小企业服务日（年、季、月、周）等方式组织志愿社会人员（包括各领域专家）和专业服务机构积极为中小企业开展“志愿服务”。引导科研院所、银行机构等与中小企业开展产学研、融资的“对接式服务”，以推动知识与产业的结合、技术与市场的互动、创业与投资的共赢。面向会员中小企业开展“会员制服务”。通过搭建产业化公共服务平台、组建服务联盟和实体的服务超市。其中，公共服务平台要通过合理的审查考核机制对其所引入的各类专业性服务机构的服务质量进行监督考核。

第五节　加强人才队伍建设，健全管理机制，促进可持续发展

一是要加强人才队伍建设，优化服务人员结构。公共服务平台要积极开展对现有服务人员的业务指导、专业知识和技能培训；立足于公共服务平台需要，有计划、有重点地选送骨干服务人员到国内外著名研究机构、高校进修深造；鼓励服务人员以多种形式提高学历层次，增强自身的知识含量、综合素质和专业技能。出台有效的激励政策，大力引进具有专业知识、技能和工作经验的高层次人才，优化人才结构，为公共服务平台的建设和可持续发展注入优质人才资源。重视本地专业人才的培养和稳定。加快公共服务平台专家人才库和专家服务团队的建设与维护，借用优质的外部智力资源推动公共服务平台的建设和服务向高水平发展。

二是要健全管理机制，促进公共服务平台的健康运营和可持续发展。尽快制定《中小企业公共服务平台评估考核办法和指标体系》，特别要兼顾公共服务平台运行的社会效益和经济效益测评。积极落实国家示范公共服务平台优胜劣汰的动态管理制度和措施办法，全面保证国家示范公共服务平台的典型示范效应。建立多元化的服务监督体系、完善的服务信息公示制度和服务信用体系。积极推进公共服务平台的专业资质认证和服务质量认证，不断增强服务的可靠性和权威性。综合运用实

地考察、召开现场观摩会、举办工作交流会和专题培训等多种形式，相互交流、学习先进做法和经验。充分发挥网络、报刊、电视等媒体的作用，加大对各级各类优秀示范公共服务平台、先进公共服务平台、典型公共服务平台的宣传，引导公共服务平台诚信守法经营、健康持续发展。

参考文献

［1］白重恩、钱震杰：《谁在挤占居民的收入——中国国民收入分配格局分析》，《中国社会科学》2009 年第 5 期。

［2］蔡荣鑫：《包容性增长探源》，载《第一财经日报》2010 年 9 月 29 日。

［3］陈建安、王建彤、徐刚：《专业镇协同创新公共服务平台的转型升级——以中山市为例》，载《科技进步与对策》2012 年第 11 期。

［4］陈杰人：《中国“包容性增长”为民企带来机会?》，载 FT 中文网（www. ftchinese. com）2010 年 10 月 8 日。

［5］陈其林、韩晓婷：《准公共产品的性质：定义、分类依据及其类别》，载《经济学家》2010 年第 7 期。

［6］陈威如、余卓轩：《平台战略：正在席卷全球的商业模式革命》，中信出版社 2013 年版。

［7］陈耀：《我国产业集群发展中的缺陷》，载《中国纺织》2004 年第 8 期。

［8］程大中：《生产者服务论——兼论中国服务业发展与开

放》，文汇出版社 2006 年版。
[9] 程郁、韩俊、罗丹：《供给配给与需求压抑交互影响下的正规信贷约束：来自 1874 户农户金融需求行为考察》，载《世界经济》2009 年第 5 期。
[10] 池仁勇：《企业技术创新效率及其影响因素研究》，载《数量经济技术经济研究》2003 年第 6 期。
[11] 杜志雄、肖卫东、詹琳：《包容性增长理论的脉络、要义与政策内涵》，载《中国农村经济》2011 年第 11 期。
[12] 杜志雄、肖卫东：《国际金融危机背景下农村中小企业经营绩效及其影响因素分析——基于对三个县农村中小企业的问卷调查数据》，载《中国农村观察》2010 年第 2 期。
[13] 杜志雄：《胡锦涛提出要实现“包容性增长”》，载中国社会科学院农村发展研究所网站（rdi. cass. cn）2010 年 11 月 16 日。
[14] 杜志雄：《收入是手段，福利是根本》，载《中国社会科学报》2010 年 5 月 13 日。
[15] 高霞、高启杰：《农业龙头企业技术创新能力的评价及影响因素分析——以山东省为例》，载《中国农业大学学报（社会科学版）》2008 年第 1 期。
[16] 工业与信息化部中小企业局（a）：《持续推进国家中小企业公共服务示范平台建设，完善中小企业“双创”服务生态》，载《中小企业简报》2016 年第 5 期。
[17] 工业与信息化部中小企业局（b）：《以互联网 + 中小企业服务，打造平台网络助力双创》，载《中小企业简报》2016 年第 2 期。

[18] 郭保熙：《论贫困概念的内涵》，载《山东社会科学》2005 年第 12 期。

[19] 郝爱民：《农业生产性服务业对农业的影响——基于省级面板数据的研究》，载《财贸经济》2011 年第 71 期。

[20] 洪晓军：《创新平台的概念甄别与构建策略》，载《科技进步与对策》2007 年第 7 期。

[21] 胡鞍钢、胡琳琳、常志霄：《中国经济增长与减少贫困（1978—2004）》，载《清华大学学报（哲学社会科学版）》2006 年第 5 期。

[22] 华中生：《网络环境下的平台服务及其管理问题》，载《管理科学学报》2013 年第 12 期。

[23] 贾生华、疏礼兵、邬爱其：《民营企业技术创新能力的影响因素及其差异分析——以浙江省为例》，载《管理学报》2006 年第 1 期。

[24] 姜长云、杜志雄、刘志荣：《农村中小企业转型发展论——关于政策转型和服务体系建设的研究》2011 年版。

[25] 姜长云：《着力发展面向农业的生产性服务业》，载《宏观经济管理》2010 年第 9 期。

[26] 姜长云：《当前农村中小企业的新问题、新趋势及对策建议》，载《开发研究》2009 年第 6 期。

[27] 姜长云：《面向产业集群加快生产性服务业发展——以浙江为例》，载《广东商学院学报》2009 年第 5 期。

[28] 蒋泰维：《建设公共创新服务平台：浙江的成功经验》，载《浙江经济》2009 年第 16 期。

[29] 李艳娥：《产业集群协同创新公共服务平台系统构建》，

载《商业经济研究》2015 年第 7 期。
[30] 李政军：《萨缪尔森公共产品的性质及其逻辑蕴涵》，载《南京师范大学学报（社会科学版）》2009 年第 5 期。
[31] 梁春梅：《农村中小企业公共服务平台服务内容的产品属性分析》，载《理论学刊》2014 年第 5 期。
[32] 梁俊伟、薛莉：《政府在自主创新体系构建中的角色》，《理论学刊》2012 年第 12 期。
[33] 林毅夫、孙希芳、姜烨：《经济发展中的最优金融结构理论初探》，载《经济研究》2009 年第 8 期。
[34] 林毅夫、孙希芳：《银行业结构与经济增长》，载《经济研究》2008 年第 9 期。
[35] 林毅夫、庄巨忠、汤敏等：《以共享式增长促进社会和谐》，中国计划出版社 2008 年版。
[36] 刘文学：《公共服务平台是促进“两化融合”的重要载体》，载《中国人大》2015 年第 6 期。
[37] 刘西川、黄祖辉、程恩江：《贫困地区农户的正规信贷需求：直接识别与经验分析》，载《金融研究》2009 年第 4 期。
[38] 栾红、何丹蕊：《新常态下助力小微企业持续发展的保险服务模式研究》，载《理论学刊》2016 年第 5 期。
[39] 吕普生：《政府主导型复合供给：纯公共产品供给模式的可行性选择》，载《南京社会科学》2013 年第 3 期。
[40] 孟祺：《基于公共政策视角的传统产业升级路径研究》，载《理论学刊》2013 年第 8 期。
[41] 孟艳：《公私合作伙伴关系的全球发展趋势及政策启示》，

载《理论学刊》2013 年第 5 期。
[42] 倪雄飞：《中小企业融资困局中政府经济行为的法律规制》，载《企业经济》2009 年第 7 期。
[43] 潘锦云、李晏墅：《农业现代服务业：以工促农的产业路径》，载《经济学家》2009 年第 9 期。
[44] 潘旭明：《网络环境下企业技术创新的影响因素和模式分析》，载《商业研究》2006 年第 2 期。
[45] 秦颖：《论公共产品的本质——兼论公共产品理论的局限性》，载《经济学家》2006 年第 3 期。
[46] 任俊生：《论准公共产品的本质特征和范围变化》，载《吉林大学社会科学学报》2002 年第 5 期。
[47] 山东省中小企业办公室：《山东省中小企业公共服务平台网络总体建设方案》2011 年版。
[48] 石凤妍、赵亚军：《中小企业技术创新动力障碍分析及对策研究》，载《科学管理研究》2005 年第 1 期。
[49] 世界银行：《2000/2001 年世界发展报告：与贫困作斗争》，中国财政经济出版社 2001 年版。
[50] 世界银行：《2004 年世界发展报告：让服务惠及穷人》，中国财政经济出版社 2004 年版。
[51] 世界银行：《2006 年世界发展报告：公平与发展》，清华大学出版社 2006 年版。
[52] 世界银行增长与发展委员会：《增长报告——可持续增长和包容性发展的战略》，中国金融出版社 2008 年版。
[53] 孙辉：《公共物品供给中的第三部门参与——一种公共物品供给的新范式》，载《财政研究》2006 年第 9 期。

[54] 孙涛：《包容性收入、居民消费和消费理论发展》，载《理论学刊》2014 年第 3 期。

[55] 唐钧：《参与和共享的发展才有意义》，载《人民日报》2010 年 10 月 14 日。

[56] 王丛虎：《政府购买公共服务与行政法规制》，载《中国行政管理》2013 年第 9 期。

[57] 王桂良：《浙江省创新平台建设启示录》，载《今日科技》2009 年第 6 期。

[58] 王辑慈：《创新的空间——企业集群与区域发展》，北京大学出版社 2001 年版。

[59] 王健翔、王晓红等：《中小企业公共服务平台建设与需求研究》，工业和信息化部软科学课题组 2009 年。

[60] 王珺、岳芳敏：《技术服务组织与集群企业技术能力的形成——以南海西樵纺织产业集群为例》，载《管理世界》2009 年第 6 期。

[61] 王珺：《企业集群中的技术创新机制研究》，载《管理世界》2002 年第 10 期。

[62] 王敏：《基于企业家精神视角的中小企业创业创新研究》，载《理论学刊》2012 年第 7 期。

[63] 王晓雅：《中小金融机构“小规模优势”的经济学解》，载《上海金融》2003 年第 11 期。

[64] 王宣喻：《集群创新能力提升与政府的作用——对〈集群企业技术创新能力的形成机制研究〉一文的评论》，载《中国制度变迁的案例研究（第六卷）》2008 年版。

[65] 王延惠：《公共物品边界的变化与公共物品的私人供给》，

载《华中师范大学学报（人文社会科学版）》2007 年第 4 期。

[66] 王峥：《创新网络与集群技术创新——对小榄锁具产业集群的实证研究》，中山大学管理学院博士学位论文 2006 年。

[67] 魏后凯：《市场竞争、经济绩效与产业集中：对中国制造业集中与市场结构的实证研究》，经济管理出版社 2003 年版。

[68] 魏建国：《自由：社会主义核心价值观的一个基本要素》，载《理论学刊》2014 年第 3 期。

[69] 魏中龙、巩丽伟、王小艺：《政府购买服务运行机制研究》，载《北京工商大学学报（社会科学版》2011 年第 3 期。

[70] 吴金希、李宪振：《工业技术研究院推动产业创新的机理分析》，载《学习与探索》2013 年第 3 期。

[71] 吴义爽、徐梦周：《制造企业“服务平台”战略、跨层面协同与产业间互动发展》，载《中国工业经济》2011 年第 11 期。

[72] 吴永忠：《科技创新趋势与国家科技基础条件平台的建设》，载《自然辩证法研究》2004 年第 9 期。

[73] 吴玉霞、郁建兴：《服务型政府视野中的公共服务分工》，载《浙江社会科学》2011 年第 12 期。

[74] 肖卫东、杜志雄：《农业生产性服务业发展的主要模式及其经济效应》，载《学习与探索》2012 年第 9 期。

[75] 肖卫东、杜志雄：《中小企业集群发展创新平台构建：鲁

省案例》，载《改革》2010 年第 2 期。

[76] 肖卫东、冯伟：《关于构建农村中小企业公共服务平台运行机制的研究》，载《农村金融研究》2014 年第 1 期。

[77] 肖卫东、李玮：《农村中小企业公共服务平台的服务模式：一个政府主导型复合服务模型》，载《中国行政管理》2014 年第 12 期。

[78] 肖卫东：《农业地理集聚与农业分工深化、分工利益实现》，载《东岳论丛》2012 年第 8 期。

[79] 肖卫东：《中小企业公共服务平台的功能定位与组织创新》，载《学习与探索》2014 年第 2 期。

[80] 邢乐成、王延江：《中小企业融资难问题研究：基于普惠金融的视角》，载《理论学刊》2013 年第 8 期。

[81] 许正中、高常水：《产业创新平台与先导产业集群：一种区域协调发展模式》，载《经济体制改革》2010 年第 4 期。

[82] 许正中、高常水：《产业创新平台与先导产业集群：一种区域协调发展模式》，载《经济体制改革》2010 年第 4 期。

[83] 薛捷：《广东专业镇科技创新平台的建设与发展研究》，载《科学学与科学技术管理》2008 年第 9 期。

[84] 杨宝：《政府购买公共服务模式的比较及解释——一项制度转型研究》，载《中国行政管理》2011 年第 3 期。

[85] 叶航、王国梁：《排他性机制的重构和准公共产品受益的均等化——一种实现包容性增长的新路径》，载《浙江大学学报（人文社会科学版）》2011 年第 6 期。

[86] 易鸣：《中小企业公共服务平台体系建设的主要内容及政策选择》，载《商场现代化》2009年4月上旬刊。

[87] 英国曼彻斯特大学长期贫困研究中心（CPRC）：《脱离贫困陷阱：2008/2009年度长期贫困报告综述》，《国际减贫动态》2009年第2期。

[88] 余忠、李秀珠、陈小玲等：《基于公共物品理论的专业镇技术创新平台构建研究——以福建省为例》，载《中国农学通报》2010年第5期。

[89] 余忠、石德金、邓燕雯等：《专业镇技术创新平台的构建机理分析》，载《中国农学通报》2010年第16期。

[90] 俞宪忠：《"包容"是民众发展的制度诉求》，载《人民日报》2010年10月14日。

[91] 俞志华、戚钜岳、王桂良：《对我省公共科技创新平台建设的若干思考》，载《今日科技》2006年第4期。

[92] 郁建兴、吴玉霞：《公共服务供给机制创新：一个新的分析框架》，载《学术月刊》2009年第12期。

[93] 郁建兴、徐越倩：《从发展型政府到公共服务型政府——以浙江省为个案》，载《马克思主义与现实》2004年第5期。

[94] 袁庆明：《新制度经济学教程》，中国发展出版社2011年版。

[95] 张杰、张少军、刘志彪：《多维技术溢出效应、本土企业创新动力与产业升级的路径选择——基于中国地方产业集群形态的研究》，载《南开经济研究》2007年第3期。

[96] 张利华、陈钢、李颖明等：《面向区域发展的区域创新服

务平台构建研究——以浙江省绍兴县区域创新服务平台为例》，载《科学管理研究》2007 年第 5 期。

[97] 张振刚、陈志明、余传鹏等：《中小微企业技术创新公共服务平台的建设与发展——基于小榄专业镇的案例分析》，载《技术经济》2014 年第 1 期。

[98] 张振刚、景诗龙：《我国产业集群共性技术创新平台模式比较研究——基于政府作用的视角》，载《科技进步与对策》2008 年第 7 期。

[99] 赵永亮、张捷：《商会服务功能研究——公共品还是俱乐部品供给》，载《管理世界》2009 年第 12 期。

[100] 赵月皎、陈志军：《企业集团特征与技术创新关系研究》，载《理论学刊》2016 年第 4 期。

[101] 中小企业服务机构发展状况及扶持政策研究课题组：《中小企业对公共服务的需求》，载《中国中小企业》2011 年第 3 期。

[102] 钟无涯：《基于运营主体的区域公共服务平台运营模式比较》，载《科技进步与对策》2014 年第 19 期。

[103] 周明生、王辉龙：《浅论生产性服务业对产业集群创新的作用机理》，载《南方经济》2005 年第 10 期。

[104] [美] 埃莉诺·奥斯特罗姆：《公共事物的治理之道——集体行动制度的演进》，余逊达、陈旭东译，上海三联书店 2000 年版。

[105] [美] 奥斯特罗姆、帕克特、惠特克：《公共服务的制度建构——都市警察服务的制度结构》，宋全喜、任睿译，上海三联书店 2000 年版。

[106]［美］爱德华·肖：《经济发展中的金融深化》，邵伏军、许晓明、宋先平译，上海格致出版社 2015 年版。

[107]［美］艾伦·罗森伯姆：《公共服务中的政府、企业与社会三方合作》，载《国家行政学院学报》2004 年第 5 期。

[108]［印］阿马蒂亚·森：《以自由看待发展》，任赜、于真译，中国人民大学出版社 2002 年版。

[109]［印］阿马蒂亚·森：《论社会排斥》，载《经济社会体制比较》2005 年第 3 期。

[110]［美］巴泽尔：《产权的经济分析》，费方域、段毅才译，上海人民出版社 2006 年版。

[111]［美］德姆塞茨：《所有权、控制与企业——论经济活动的组织》，段毅才等译，经济科学出版社 1999 年版。

[112]［美］赫希曼：《经济发展战略》，经济科学出版社 1991 年版。

[113]［意］姜卡罗·科洛、斯特法诺·米切利：《作为地方创新体系的产业区：领航企业及意大利工业新的竞争优势》，罗红波、［意］巴尔巴托：《产业区直面经济全球化——中意比较研究》，社会科学文献出版社 2008 年版。

[114]［美］雷诺兹：《微观经济学——分析和政策》，马宾译，商务印书馆 1994 年版。

[115]［美］罗纳德·麦金农：《经济发展中的货币与资本》，卢骢译，上海三联书店，上海人民出版社 1997 年版。

[116]［日］青木昌彦、穆尔多克、奥野正宽：《东亚经济发展中政府作用的新诠释：市场增进论（上篇、下篇）》，载

《经济社会体制比较》1996 年第 5 期、第 6 期。

[117] [美] 萨瓦斯:《民营化与公私部门的伙伴关系》,周志忍等,中国人民大学出版社 2002 年版。

[118] [美] 詹姆斯·M. 布坎南、理查德·A. 马斯格雷夫:《公共财政与公共选择:两种截然对立的国家观》,类承曜译,中国财政经济出版社 2000 年版。

[119] ADB, "Eminent Persons Group Report", Asian Development Bank, 2007.

[120] ADB, "Fighting Poverty in Asia and the Pacific: The Poverty Reduction Strategy of the Asian Development Bank", Manila, Philippines, 1999.

[121] Ali, I., Zhuang J., "Inclusive Growth toward a Prosperous Asia: Policy Implications", Working Paper, 2007.

[122] Ali, I., Hyun, H., "Defining and Measuring Inclusive Growth: Application to the Philippines", Working Paper, No. 98, 2007.

[123] Armstrong M., "Competition in Two-sided Mrakets", RAND Journal of Economics, 2006.

[124] Asheim Bjorn T., Isaksen Arne, Nauwelaers Claire and Todtling Franz (ed.), "Regional Innovation policy for Small-Medium Enterprises", Edward Elgar Cheltenham, 2003.

[125] Audretsch D. B., and M. P. Feldman., "Innovative Clusters and the Industry Life Cycle", Review of Industrial Organization, No. 11, 1996.

[126] Balisacan M. and Nobuhiko F., "Growth, Inequality and

Politics Revisited: A Developing Country Case", Economics Letters, 2003.

[127] Bellandi M., "Decentralized Industrial Creativity in Dynamic Industrial Districts, In Technological Dynamism in Industrial Districts: An Alternative Approach to Industricalization in Developing Countries?", New York and Geneva: UNCTAD, 1994.

[128] Berger A. N., N. H. Miller, M. A. Petersen, R. G. Rajan, and J. C. Stein, "Does Function Follow Organizational Form? Evidence from the Lending Practices large and Small Banks", Journal of Financial Economics, Vol. 76, 2005.

[129] Besley, Timothy, Burgess, Robin and Esteve-Volart, Berta, "The Policy Origins of Growth and Poverty in India, in Besley, Timothy and Cord, Lousie J. (eds.): Deliveringon the Promise of Pro-poor Growth", Palgrave Macmillan and the World Bank, 2007.

[130] Bianchi P., "New Approaches to Industrial Policy at the Local Level", In Cossentino et. al, 1996.

[131] Birdsall N., "Reflections on the Macro Foundations of the Middle Class in the Developing World", Working paper, No. 130, 2007.

[132] Boucher S., Carter R. M. and Guirkinger C., "Risk Rationing and Wealth Effects in Credit Markets: Theory and Implications for Agricultural Development", American Journal of Agricultural Economics, 2008.

[133] Cacciatori E., Jacobides M. G., "The Dynamic Limits of Specialization: Vertical Integration Reconsidered", Organization Studies, 2005.

[134] Chaudhuri S., Ravallion M. "Partially Awakened Giants: Uneven Growth in China and India, in Winters L. A. and Yusuf S. (eds.): Dancing With Giants: China, India and the Global Economy", World Bank, 2007.

[135] Cole R. A., L. G. Goldberg and L. J. White, "Cookie Cutter vs. Character: The Micro Structure of Small Business Lending by Large and Small Banks", Journal of Financial and Quantitative Analysis, Vol. 39, 2004.

[136] Dollar D. and Kraay A., "Growth is Good for the Poor", Journal of Economic Growth, No. 3, 2002.

[137] Doner R. F., Schneider B. R., "Business Associations and Economic Development: Why Some Associations Contribute More than Others", Business and Polities, 2000.

[138] Eisenmann T., Parker G., Alstyne M. V., Strategies for Two-Side Market, Harvard Business Review, 2006, 84.

[139] Feldman:《区位与创新：创新、溢出和集聚的新经济地理》，载《牛津经济地理学手册》，刘卫东等译，商务印书馆 2005 年版。

[140] Felipe J., "Macroeconomic Implications of Inclusive Growth, mimeo", Asian Development Bank, 2007.

[141] Gebauer H., Paiola M., Edvardsson B., "Service Business Development in Small and Medium Capital Goods Manufactur-

ing Companies", Managing Service Quality, 2010.

[142] Howells J., "The Nature of Innovation in Services, In OECD (Ed.)", Innovation and Productivity in Services, 2001.

[143] Humphery J., Schmin H., "Governace and Upgrading: Linking Industrial Cluster and Global Value Chains Research", IDS Working Paper, No. 12, 2000.

[144] Jacob F., Ulaga W., "The Transition from Product to Service in Business Markets: An Agenda for Academic Inquiry", Industrial Marketing Management, 2008.

[145] Jacobides M. G., "How Capability Differences, Transaction Costs, and Learning Curves Interact to Shape Vertical Scope", Organizatyion Science, 2008.

[146] Jacobides, Winter, "The Co-evolution of Capability and Transaction Costs: Explaining the Institutional Structure of Production", Strategic Management Journal, 2005.

[147] James M. Buchanan, "An Economic Theory of Clubs", Economica, 1965.

[148] Kon Y., Storey D. J., "A Theory of Discouraged Borrowers", Small Business Economics, 2003.

[149] Lechner and Dowling, "Firm networks: External Relationships as Sources for the Growth and Competitiveness of Entrepreneurial Firms", Entrepreneurship & Regional Development, 2003.

[150] Markusen, "Stieky Place in Slippery Space: a Typology of Industrial Districts", Economic Geography, 1996.

[151] Moe:《分散化的公共治理——代理机构、权力主体和其他政府实体》，载《经济合作与发展组织》，国家发展和改革委员会事业单位改革研究课题组译2004年版。

[152] Muller E. , Zenker A. , "Business Services as Actors of Knowledge Transformation: The Role of KIBS in Regional and national Innovation System", Research Policy, 2001.

[153] Nelson, "National System of Innovation: A Comparative Study", Oxford University Press, 1992.

[154] Patrick H. T. , "Financial Policies and Economic Growth in Underdeveloped Countries", Economic Development and Cultural Change, 1966.

[155] Paul Samuelson, "The Pure Theory of Public Expenditure", Review of Economics and Statistics, 1954.

[156] Petersen M. A. , Information: Hard and Soft, Working paper, 2004.

[157] Pietrobelli C. , Rabellotti R, "Upgrading in Clusters and Value Chains in Latin America: The Role of Policies", Sustainable Development Department Best Practices Series, 2004.

[158] Porter, "Clusters and the New Economics of Competition", Harvard Business Review, 1998.

[159] Ravallion M. , "Growth and Poverty: Evidence for Developing Countries in the 1980s", Economics Letters, 1995.

[160] Roemer J. , "Econmic Development as Opportunity Equalization", Cowles Foundation for Research in Economics,

No. 1583, 2006.

[161] Silvestrou R., Fitzgerald L., Johnston R. and Grant C., "Toward A Classification of Service Processes", International Journal of Service Industry Management, 1992.

[162] Smedlund A., Toivonen M., "The Role of KIBS in the IC Development of Regional Clusters", Journal of Intellectual Capital, 2007.

[163] Storper M., "The Limits to Globalization: Technology Districts and International Trade", Economic Geography, No. 1, 1992.

[164] Tandon A., Zhuang J., "Inclusiveness of Economic Growth in the People's Republic of China: What Do Population Health Outcomes Tell Us? ERD Policy Brief Series", Economics and Research Department, No. 47, 2007.

[165] Tee R., Gawer A., "Industry Architecture as a Determinant of Successful Platform Strategies: A Case Study of the I-mode Mobile Internet Service", European Management Review, 2009.

[166] Thomas, Llewellyn, Erkko Autio, and David Gann, "Architectural leverage: Putting platforms in context", The Academy of Management Perspectives (2014), Amp-2011.

[167] Tiebout C. M., "A Pure Theory of Local Expenditures", Journal of Political Economy, 1956.

[168] Wheelwright S. C., Clark K. B., "Creating Project Plans to Focus Product Development", Harvard Business Review, 1992.

后　记

本书是国家自然科学基金项目、教育部人文社会科学研究项目阶段性研究成果的集萃，也是研究团队最近几年关于包容性增长、中小企业及公共服务平台发展、服务平台与地理集聚及农业发展方式转变问题的初步思考和认识，部分内容已发表于《中国农村经济》、《中国行政管理》、《改革》、《学习与探索》、《理论学刊》、《南方金融》、《农村金融研究》等学术期刊。本书是集体智慧的结晶，感谢中国社会科学院财经战略研究院杜志雄研究员对课题研究、章节撰写、本书统稿的重要贡献和修改意见；感谢杜老师一直以来对我的指导、关心和帮助。感谢国家发展与改革委员会产业经济与技术经济研究所姜长云研究员对章节撰写的指导和修改意见。感谢山东师范大学管理科学与工程学院梁春梅副教授、吉海颖博士，中国国际经济交流中心詹琳博士，同窗好友冯伟博士，清华大学公共管理学院博士研究生李瑆。感谢本人所在工作单位山东师范大学公共管理学院领导的关心、支持和帮助。

各章写作分工是：第一章，肖卫东；第二章，杜志雄、肖卫东、詹琳；第三章，肖卫东，吉海颖；第四章，肖卫东，杜志雄；第五章，肖卫东；第六章，杜志雄，肖卫东；第七章，梁春梅，肖卫东；第八章，肖卫东；第九章，梁春梅；第十章，肖卫东，李瑾；第十一章，肖卫东，冯伟；第十二章，肖卫东，杜志雄；第十三章，肖卫东。

肖卫东负责最后的统稿与修改。

对本书存在的不足甚至可能出现的错误，真诚欢迎读者批评指正。

肖卫东

2017 年 6 月 16 日